Eva Hierteis · Daniela Kunkel

Tilli Tüpfel

und das ziemlich zahme Zaubertier

Eva Hierteis

Tilli Tüpfel

und das ziemlich zahme Zaubertier

Mit Illustrationen von
Daniela Kunkel

PENGUIN
JUNIOR

Inhalt

1. Kapitel

In dem ein Eichhörnchen vom Himmel fällt und es Pflaumen regnet

Alles begann mit einer Nuss.

Obwohl – eigentlich begann es schon früher, nämlich mit einer wild schaukelnden Hängematte, einer übellaunigen Katze und einem ganz besonderen Eichhörnchen.

Also fangen wir am besten ganz von vorne an, mit der Hängematte.

Darin lag Tilli Tüpfel und schaukelte wild.

Über ihr strahlte die Sonne, doch sie macht ein Gesicht wie drei Tage Regenwetter. Um sie herum zwitscherten fröhlich die Vögel, doch sie gab nur hin und wieder ein grantiges »Grmpf« von sich.

Tilli war wütend.

Ständig bekam sie von allen zu hören, dass sie zu klein war. Zu klein für dies, zu klein für das. Es war doof, immerzu die Kleinste zu sein. Mama war größer, Papa war größer, ihre Schwester Ella war größer. Nur die zwei Schildkröten waren kleiner. Aber die zählten nicht so richtig, denn sogar die waren vier Jahre älter als Tilli, und eine war sowieso ausgebüxt.

Wenn man klein war, hackten alle auf einem rum und nichts durfte man. Nicht einmal zusammen mit Ella im Baumhaus übernachten durfte Tilli!

Na gut, das Baumhaus war auch ziemlich weit oben. Die Strickleiter, die hinaufführte, wirkte ziemlich wackelig und nachts war es da oben bestimmt ziemlich dunkel.

Wenn Tilli ganz ehrlich war, war sie sogar ein bisschen froh, dass Papa es verboten hatte. Aber eben nur ein bisschen. Wütend war sie trotzdem.

Und jetzt hatte sie sich auch noch mit Mama gestritten, die wollte, dass sie ihr Zimmer aufräumte.

Tilli hatte nur gesagt: »Dazu bin ich noch zu klein.«

Da war Mama sauer geworden. »Das kannst du wohl schon sehr gut«, hatte sie gesagt. »Dafür bist du ganz genau richtig. Ab in dein Zimmer!«

Tilli aber schlüpfte fix in den Garten. Doch selbst dort hatte sie keine Ruhe. Sogar Herr Schnabel, der Hahn, hackte heute

auf ihr rum oder besser gesagt: hackte nach ihr. Genau genommen hackte er ständig nach allen, die den Hühnern zu nahe kamen. Manchmal flatterte er sogar ein Stück hoch und dann waren Tilli und er plötzlich Auge in Auge und das hasste sie. Wenn sie nur daran dachte, wurde sie gleich noch viel wütender. Missmutig schnaubte sie in ihrer Hängematte.

Doch plötzlich wurde Tillis unwilliges Schnauben von anderen Lauten übertönt, sehr lauten Lauten sogar: einem Fiepsen und Fauchen!

Tilli reckte den Kopf.

Mit großen Sprüngen flitzte ein sehr rotes Eichhörnchen über die Wiese, gefolgt von einer großen, flauschigen weißen Katze.

Die Katze kannte Tilli. Fluffi hieß sie und wohnte nebenan, hielt aber alle Gärten hier für ihr Revier.

Mit Fluffi war nicht zu spaßen. Sie pirschte sich an Vögel an, schlich um Ellas Schildkrötengehege herum und bohrte mit der Pfote durch die Maschen, angelte am Bach nach Fischen oder Fröschen und erschreckte die Hühner. Nicht einmal vor Menschen machte sie halt. Manchmal strich sie einem um die Beine, bevor sie im nächsten Moment die Krallen ausfuhr, wenn man sie streicheln wollte.

Und diesmal hatte sie es also auf ein Eichhörnchen abgesehen.

Zum Glück war es schnell. Es hopste über die Maulwurfshaufen und rannte im Zickzack zwischen den Johannisbeersträuchern durch.

Doch Fluffi kam ihm immer näher. Und näher. Noch näher.

Das Eichhörnchen erreichte den Holunderbusch und tauchte ins Gewirr der Zweige ein, hangelte sich hindurch und sprang von dort aus weiter auf den Pflaumenbaum und dann auf den Apfelbaum.

Fluffi hatte währenddessen den Holunder umrundet, ließ sich aber nicht abhängen, sondern nahm Anlauf, schlug die Krallen in die Rinde des Apfelbaums und rannte so den Stamm geradezu hinauf.

Schon turnten die beiden über Tilli durchs Geäst.

Atemlos verfolgte Tilli die wilde Jagd.

Durch die dunkelgrünen Blätter blitzte ab und zu rostrotes Fell auf, dann wieder weißes.

Das Eichhörnchen sprang durch die ganze Baumkrone und floh auf einen langen dünnen Ast. Gehetzt sah es sich um und flüchtete ans äußerste Ende.

Der Ast schwankte bedenklich.

Einen Moment lang verharrte Fluffi in geduckter Haltung, dann hechtete sie hinterher.

Das Eichhörnchen fiepte und Tilli quiekte. »Fluffi, nicht!«, rief sie.

Doch Fluffi war nicht zu bremsen.

Dann ging alles ganz schnell. *Kracks!*, machte der Ast und brach.

Alles purzelte. Blätter segelten an Tilli vorüber, unreife Äpfel bollerten herunter und ein dickes weißes Fellknäuel und ein kleines rotes fielen nach unten.

Mit einem fetten *FUMP!* landete Fluffi im hohen Gras.

Mit einem leisen *Fump!* landete das Eichhörnchen auf Tillis Bauch.

Einen Augenblick lang guckten die beiden sich an. *Huch,* schoss es dem Eichhörnchen durch den Kopf. Und dann noch: *Sieht nett aus, das Mädchen mit den eichhörnchenroten Haaren.*

Huch, schoss es Tilli durch den Kopf. *Sieht süß aus, das Eichhörnchen. Die goldenen Tüpfel um die Schnauze herum sehen fast aus wie meine Sommersprossen.*

Doch der schöne Moment endete jäh.

»Chrrrr«, fuhr ein fieses Fauchen dazwischen und riss die beiden aus ihren Gedanken. Fluffi schüttelte sich, machte einen Buckel und setzte zum Sprung an.

Das Eichhörnchen reagierte schnell wie der Blitz und sauste flott wie der Flitz wieder einen Baumstamm hinauf.

Keine Sekunde zu früh, denn dort, wo es gerade noch gesessen hatte, thronte nun Fluffi in der Hängematte.

Tilli fuhr hoch. »Kschhh!«, machte sie, aber Fluffi wich kein Stück zurück.

Plötzlich zischte ein Geschoss von oben herab. Es war klein und hart und grün. Und noch eins und noch eins.

Als Tilli hinaufguckte, traute sie ihren Augen kaum.

Da saß doch tatsächlich das Eichhörnchen und bombardierte die Katze mit unreifen Pflaumen!

»Mau!«, kreischte Fluffi und: »Mi-AU!«, als eine sie am Po traf. *Zisch, plisch!,* schlugen die Pflaumen rund um die Katze ein.

Das Eichhörnchen konnte gut werfen. Tilli traf keine einzige, dafür erwischte eine die Katze genau zwischen den Ohren.

»Ab mit dir!«, schimpfte Tilli noch einmal und schob an Fluffis Hinterteil.

Endlich gab die Katze auf, sprang aus der Hängematte und trollte sich.

Tilli sah ihr einen Moment lang nach, ehe ihr Blick wieder nach oben zu dem Eichhörnchen zwischen den Zweigen wanderte.

Auf seinem Gesicht lag ein sonderbar zufriedener Ausdruck. Tilli glaubte sogar, es würde grinsen.

Dann machte es eine kleine Bewegung mit der Pfote, als wolle es ihr winken, sprang in ein Brombeergestrüpp und war verschwunden. Nur noch ein paar Ranken schwankten sacht.

Tilli lächelte. Eigentlich war es doch ein ganz guter Tag geworden, denn Eichhörnchen fielen schließlich nicht jeden Tag vom Himmel und einem direkt auf den Bauch.

Abends im Bett musste Tilli immer noch lächeln, wenn sie an das Eichhörnchen dachte. Sie presste ihre Augen fest zusammen, die eigentlich immer noch was sehen und erleben wollten, auch wenn es schon dunkel war. Hätte Tilli aber kurz vor dem Einschlafen ihre Augen doch noch einmal geöffnet, hätten sie wirklich etwas Tolles zu sehen bekommen:

Denn draußen auf dem Fenstersims saß das rostrote Eichhörnchen, lugte ins Zimmer und nagte an seiner Unterlippe. Das hatte noch nichts zu bedeuten. Eichhörnchen nagen gern. Sie sind schließlich Nagetiere. Aber dann zwirbelte es nachdenklich seine Schnurrhaare. Und das hatte ganz sicher etwas zu bedeuten.

Als Tilli sich im Bett umdrehte, zuckte das Eichhörnchen zurück. Noch war es nicht sicher, ob es dem Mädchen mit den eichhörnchenroten Haaren und den Tüpfeln im Gesicht sein Geheimnis verraten sollte.

Und deshalb ahnte Tilli auch noch nicht, wie besonders dieser Tag wirklich gewesen war. Nämlich der Beginn einer wunderbaren Freundschaft.

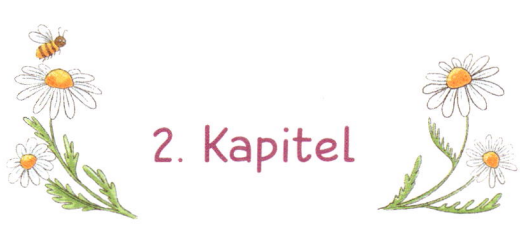

2. Kapitel

**In dem das ziemlich zahme Zaubertier loszaubert
und Tilli merkt, dass klein sein
auch sehr fein sein kann**

So, jetzt kommt aber wirklich die Sache mit der Nuss. Obwohl – eigentlich waren es ja mehrere Nüsse. Vier Stück nämlich.

In den nächsten Tagen nach ihrem unerwarteten Zusammentreffen trieb Tilli sich oft im Garten bei den Obstbäumen herum, weil sie hoffte, das Eichhörnchen wieder zu treffen.

Und das Eichhörnchen trieb sich dort herum, weil es hoffte, das Mädchen wieder zu treffen.

Am ersten Tag legte Tilli eine Nuss auf den Baumstumpf neben der Hängematte und das Eichhörnchen zögerte eine Weile, ehe es sich die Nuss holte.

Am zweiten Tag setzte Tilli sich neben die Nuss und das Eichhörnchen zögerte nur kurz.

Am dritten Tag fraß es Tilli aus der Hand.

Am vierten Tag sprach es sie an und fragte sie nach ihrem Namen.

»Tilli«, sagte Tilli. »Ich heiße Tilli Tüpfel.« Dann erst merkte sie, dass sie sich gerade mit einem Eichhörnchen unterhielt, und sie wäre fast rückwärts vom Baumstumpf gefallen. »Wie … wieso kannst du denn sprechen?«, stammelte sie.

»Nun ja«, sagte das Eichhörnchen und machte eine Verbeugung, »man nennt mich nicht umsonst *ziemlich zahmes Zaubertier.*«

Tilli lachte. »Das ist doch kein Name.«

»Doch«, sagte das ziemlich zahme Zaubertier ein bisschen beleidigt, »ein ziemlich zauberhafter sogar.« Es schob die Unterlippe vor. »Na gut«, gab es zu, »auch ein ziemlich umständlicher.«

»Weißt du, was?«, sagte Tilli. »Ich schenke dir meinen Nachnamen. ›Tüpfel‹ ist als Nachname sowieso seltsam.«

»Und als Vorname?«, fragte das Zaubertier.

»Da finde ich ihn gut.«

»Dann finde ich ihn auch gut«, meinte das Zaubertier.

Und damit waren sie Freunde. Man bekommt schließlich nicht alle Tage einen Namen geschenkt.

Das Eichhörnchen probierte ihn gleich aus: »Tüpfel«, murmelte es. »Ich bin Tüpfel, das ziemlich zahme Zaubertier.«

»*Zaubertier* verstehe ich«, sagte Tilli. »Sonst könntest du ja nicht mit mir sprechen. Aber warum *ziemlich zahm?*«

»*Zahm* bin ich, sonst müsste ich vor dir weglaufen. Nur *ziemlich zahm* bin ich, weil ich manchmal eben doch kurz weglaufen muss. Damit ich wieder zurückkommen kann. Ganz freiwillig. Und manchmal muss ich auch ein bisschen wild und kratzig sein.« Damit rannte das Eichhörnchen in Spiralen den Apfelbaum hinauf und hopste eine Runde durch die Äste. Als es wieder vor Tilli stand, beugte es sich vor und betrachtete aufmerksam ihr Gesicht. »Was können *deine* Tüpfel?«, fragte es.

»Wie?« Tilli sah das Eichhörnchen verwirrt an. »Meine Sommersprossen? Die können mehr werden. Im Sommer.«

Tüpfel legte den Kopf schief. »Und sonst?«

»Sonst nix. Na ja, manche Menschen bringen sie zum Lachen. Meinen Papa zum Beispiel. Der sagt immer: *Das sind so viele wie Sterne am Himmel* und dann lacht er und stupst mir auf die Nase.«

»Also *meine* Tüpfel können was«, sagte Tüpfel, »und zwar zaubern. Aber das ist ein Geheimnis. Das darfst du keinem verraten. Versprochen?«

»Versprochen«, sagte Tilli. Geheimnisse liebte sie.

Tüpfel reckte die gepunktete Nase vor und kam noch näher, bis er ihre Nasenspitze berührte.

Tilli spürte, wie sie ein Kribbeln überlief, als wären Ameisen auf ihr unterwegs. So schnell, wie es gekommen war, war es auch wieder vorbei.

Aber … was war das?

Das Eichhörnchen war auf einmal genauso groß wie sie!

Dann fiel Tillis Blick auf das grüne Dickicht um sie herum. Hoch wie Büsche wogte das Gras und die Margeriten und Mohnblumen breiteten ihre Blüten wie Baumkronen über ihr aus. Und da wurde Tilli klar, dass Tüpfel nicht großgezaubert war, sondern sie klein. Klitzeklein. Doch diesmal störte sie das Kleinsein kein bisschen. Staunend sah sie sich um. Alles um sie herum war nicht nur so viel größer, es war auch anders. Schön anders.

Ihren winzigen Augen und Ohren entging nicht die kleinste Kleinigkeit. Sie hörte Käfer krabbeln und vor sich hin brabbeln. Sie roch das würzige Gras, die honigsüßen Blumen, den frischen Duft der Luft und den zitronigen der unreifen Äpfel.

Als eine Biene vorbeiflog, musste Tilli lachen, weil sie jetzt verstand, dass die gar nicht wirklich summten, sondern mit ihren tiefen Stimmen immerzu »sammeln, sammeln, sammeln« brummten. Nicht weit entfernt landete ein Zitronenfalter auf einer Blüte und schlürfte lautstark Nektar. »Schmetterschmecker, ist das lecker«, murmelte er zwischendurch und zitterte verzückt mit den Fühlern.

Das Gras wisperte, als wolle es ihr etwas zuflüstern und die Vögel zwitscherten nicht einfach nur, sondern sangen mit klaren Stimmen.

Im Birnbaum trällerte eine Amsel:

> »Das ist ja wie verhext,
> ich vergaß den Text.
> Pieps trotzdem vor mich hin,
> sing ohne Ziel und Sinn.
> Mehr fällt mir jetzt nicht ein,
> nur noch ein schlechter Reim.«

Tilli sah Tüpfel mit großen Augen an. »Sprechen denn alle Tiere?«

Tüpfel nickte. »Klar, aber das verstehst du nur, wenn du kleingezaubert bist.«

»Und die Pflanzen?«

Er lachte. »Die nuscheln so, dass man sie nicht versteht.«

Tilli hopste vor Begeisterung auf und ab. »Das ist so toll, Tüpfel!«, rief sie und umarmte ihn kurz, um dann weiterzuhopsen. Ihre Beine konnten gar nicht mehr damit aufhören.

»He, wer trampelt mir da auf dem Kopf herum?«, murrte es plötzlich. Unter ihnen wackelte der Boden.

»Oh, Verzeihung«, sagte Tilli und sah Tüpfel erschrocken an.

Das Eichhörnchen winkte ab. »Ach, das ist nur Motzi, der Maulwurf. Der mault gern. Was meinst du, wie der schimpft, wenn du hier in Normalgröße rumstampfst?« Er zwinkerte ihr zu. »Weißt du, was, ich zeig dir jetzt meine Welt. Dann hat Motzi seine Ruhe.« Sein Blick ging nach oben zum Apfelbaum.

Tüpfels Welt, das waren Büsche, Bäume, wackelige Äste und zittrige Zweige. Je höher, desto besser. Er wollte endlich mit Tilli klettern und springen, stammauf und stammab flitzen und in den Baumkronen sitzen.

Tilli folgte seinem Blick. Jetzt, da sie so winzig war, ragte der Baum noch viiiiel höher als je zuvor vor ihr auf.

Sie schüttelte den Kopf. »Das ist zu steil. Und zu hoch. Und überhaupt. Da komme ich nicht rauf.«

Das Eichhörnchen sah sie verwundert an. *Zu hoch* und *zu steil*, das konnte es sich gar nicht vorstellen. Und *überhaupt* noch viel weniger. Es zwirbelte seine Schnurrhaare. »Aber *da* kommst du schon rauf, oder?«, fragte es dann und stellte sich auf allen vieren seitlich vor sie hin. »Komm, steig auf meinen Rücken.«

Tilli guckte es zweifelnd an. »Bist du dir sicher?«

Tüpfel grinste so breit, dass seine kompletten Nagezähne sichtbar wurden. »So sicher, wie Nüsse eine harte Schale haben.«

Also stieg Tilli auf. Sie schlang die Arme um seinen Hals und drückte die Nase in sein Fell. Vorsichtshalber kniff sie auch noch die Augen zusammen, aber die wollten wie immer nicht richtig zubleiben.

»Und jetzt?«, fragte Tilli blinzelnd, als sie an eine Astgabel kamen.

»Biegen wir ab«, sagte das Eichhörnchen, »und rennen den Ast entlang.« Es bog ab und rannte den Ast entlang.

Am Anfang war er noch breit, dann wurde er immer schmaler.

»Äh … stopp!«, rief Tilli, »da vorne ist doch Schluss! Nicht, dass wir abstürzen.« Sie beugte sich zur Seite und wollte hinuntersehen, aber Tüpfel meinte schnell: »*Du sollst niemals nach unten schauen, sonst wirst du dich nicht springen trauen!* Altes Eichhörnchen-Sprichwort.«

Tilli erstarrte. »Springen?«

»Na klar, ist ein Baum zu Ende, muss man doch zum nächsten hüpfen.«

Tilli schüttelte den Kopf. »Wir kehren um.«

»Eichhörnchen kehren niemals um«, erklärte Tüpfel.

»Menschen schon«, sagte Tilli.

»Knabberlapapp«, sagte Tüpfel. »Weißt du, was, wir wippen erst mal. *Für den Mut zu springen hilft es, erst mal schön zu schwingen.* Altes …«

»Eichhörnchen-Sprichwort«, seufzte Tilli.

»Genau.« Tüpfel ging in die Knie und wieder hoch. Schon begann der Ast zu schwanken. Auf und ab, hoch und hinab. Es war so wild und witzig, dass Tilli ihre Angst ganz vergaß und kicherte, bis sie keine Luft mehr bekam.

»Bist du jetzt bereit?«, fragte Tüpfel irgendwann.

»Okay, okay, ich springe mit dir«, japste sie.

»Das wollte ich hören«, grinste Tüpfel und nahm Anlauf. »Gut festhalten!«

Der dünne Ast neigte sich, als die beiden ganz bis zum äußersten Ende flitzten.

Tilli hielt den Atem an. Was, wenn er brach? Doch da stieß Tüpfel sich schon ab und sie flogen gemeinsam durch die Luft.

Tillis Herz schlug bis zum Hals und im Bauch spürte sie es auch. Ihr Blick wollte nach unten gehen, aber der Pflaumenbaum raunte ihr beruhigend zu und seine Blätter winkten ihr im Wind entgegen. Dann waren sie schon auf dem nächsten Ast gelandet!

Tilli strahlte. »Wahnsinn«, rief sie. »Noch mal!«

Und das sagte sie an diesem Nachmittag noch sehr, sehr oft, denn Tüpfel hatte recht: Es war wirklich wunderschön oben in den Wipfeln und die Bäume waren wie ein riesiges Klettergerüst.

Tilli war sehr stolz auf sich, weil sie nun keine Angst mehr vor der Höhe hatte, und Tüpfel war sehr stolz auf Tilli – und auf sich auch. Die alten Eichhörnchen-Sprichwörter hatte er sich nämlich alle selbst ausgedacht, um ihr Mut zu machen.

Da fiel ihm gleich noch eines ein: »*Leerer Bauch knurrt im Wald, dass es in den Ohren knallt*«, sagte er und deutete auf seinen Bauch, der unüberhörbar grummelte. »Was hältst du von einem Eichhörnchen-Picknick?«

»Au ja!« Tilli liebte Picknick – und *Eichhörnchen-Picknick* klang besonders spannend.

Bald schon lag sie unter den Himbeersträuchern im Schatten und Tüpfel kletterte über ihr in den Ranken herum und bog sie so hinunter, dass Tilli die Früchte genau über dem Mund baumelten und sie nur noch zuschnappen musste. Wie himbeerhimmlisch sie schmeckten und wie wunderbar riesig sie waren, wenn man so klein war!

»Morgen bringe ich dir das Klettern bei!«, ächzte Tüpfel, als auch er sich sattgefuttert hatte und neben Tilli im Gras lag. Sein Bauch wölbte sich ein wenig und um die Schnauze war er ganz rosarot.

Die Sonne blinzelte durch die Zweige, malte ihnen noch mehr goldene Punkte aufs Gesicht und strahlte so hell, dass sie die Augen schlossen.

»Chrzi-püüü«, machte das Eichhörnchen.

»Du schnarchst«, sagte Tilli im Viertelschlaf.

»Das ist gut gegen wilde Tiere«, murmelte Tüpfel im Halb-schlaf.

»Solche wie dich?«, fragte Tilli im Dreiviertelschlaf.

»Na klar«, brummelte Tüpfel und fühlte sich sehr wild und verwegen, als er ganz einschlief. »Chrzi-püüü, chrzi-püüü!«

Es kam tatsächlich jemand Wildes vorbei, während Tilli und Tüpfel ihr Nickerchen machten.

Der muffelige Maulwurf warf einen Haufen neben ihnen auf, um sich über Tüpfels Schnarchen zu beschweren, das bis unter die Erde drang.

Kurzsichtig wie er war, stemmte er wütend seine Ärmchen in die Seite und beugte sich vor, aber als er sie so friedlich neben-einander im Gras schlummern sah, musste er gegen seinen Willen lächeln und tauchte ohne Gemecker wieder ab.

Das Eichhörnchen hatte anscheinend eine neue Freundin – und die beiden passten wirklich gut zusammen.

3. Kapitel

In dem Tilli ein Himmelsfloß bekommt und Eierdiebe am Werk sind

Jeden Tag besuchte Tilli Tüpfel am Apfelbaum und jede Nacht besuchte Tüpfel Tilli auf ihrem Fensterbrett – auch wenn sie schlief und es gar nicht merkte.

Jeden Tag zauberte Tüpfel sie mit seinen Zaubertüpfeln klein und schon konnte das Abenteuer beginnen.

Mal machten sie Slalomrennen zwischen den Maulwurfs-hügeln, mal lagen sie unter der Heckenrose, deren Blüten sie

in eine wundersüße Duftwolke einhüllten, mal gingen sie zum alten Weidenbaum am Bach und schwangen an seinen tief herabhängenden Zweigen wie an Seilen hin und her oder ließen sich davon kitzeln.

Sogar mit der Wäscheleine spielten sie.

Tüpfel baumelte an T-Shirts und Röcken und Tilli setzte er in einer Bademanteltasche ab, sodass sie schaukeln konnte.

Natürlich brachte er ihr auch Klettern bei. Er hatte viele tolle Tipps und Eichhörnchen-Sprichwörter auf Lager wie »*Immer schön mit dem Schwanz das Gleichgewicht halten*« oder »*Einfach nicht runterfallen, sondern gut festkrallen*«.

Tilli wusste nicht, ob es an Tüpfels Tipps lag, aber erstaunlicherweise klappte das Klettern tatsächlich mit jedem Tag besser.

Am ersten Tag übten sie in den niedrigen Johannisbeersträuchern, am zweiten im Holunderbusch, am dritten in der Weide am Bach, deren Stamm so schief war, dass man leicht hinaufklettern konnte.

Am vierten Tag lief Tüpfel Tilli aufgeregt entgegen und drückte mit Schwung seine Nase an ihre. »Komm schnell«, rief er, »ich habe eine Überraschung für dich. Eigentlich sogar zwei!« Er huschte voraus, Tilli kletterte hinterher.

Es ging den Apfelbaum hinauf. Sie bogen zweimal links ab und zweimal rechts, dann sagte Tüpfel: »Tadaaa!«

Vor ihnen in einer Astgabel entdeckte Tilli ein Geflecht aus Stöckchen und Zweigen. Es war rund und flach, ein bisschen wie ein Teller. »Was ist das?«, fragte sie.

»Ein Himmelsfloß«, erklärte Tüpfel. »Das habe ich für dich gebaut. Da können wir zusammen draufsitzen und -liegen und in den Himmel gucken, ohne dass es dir zu kippelig wird. Es ist ein bisschen wie ein Baumhaus ohne Haus. Ein Schiff im Blättermeer«, sagte er und wie auf Kommando rauschte eine Böe heran und es schaukelte sacht mit den Zweigen im Wind.

Tilli konnte gar nichts sagen, so gerührt war sie, also saß und guckte sie einfach nur.

Von hier oben sah man die ganze Welt: den Wald hinter dem Garten, den Bach, der silbrig schlängelnd zwischen Feldern verschwand, und den goldgelben Sandstreifen an seinem Ufer. Die Häuser waren klein, die Blumen nichts als bunte Tupfer, sogar der Hahn wirkte von Weitem friedlich und Fluffi fast schon niedlich.

»Jetzt kommt die zweite Überraschung«, sagte Tüpfel und zeigte mit der Pfote zum Birnbaum hinüber. »Guck mal, da direkt über dem Loch im Baumstamm.«

Jetzt sah Tilli es auch: ein Amselnest! Darin lagen vier grünblaue Eier mit goldenen Sprenkeln.

»Tüpfel, das ist wunderschön!«, rief Tilli und musste lachen. »Die haben ja Tupfen wie wir.«

Sie beobachtete das Nest so lange, bis Tüpfel ungeduldig aufsprang und Faxen für sie machte: Er turnte im Zickzack durch die Baumkrone und verschwand hinter Ästen und Blättern, um dann an ganz anderer Stelle wieder aufzutauchen. Allein vom Zuschauen wurde Tilli schon schwindelig.

Plötzlich brach ganz in der Nähe Gezeter los.

Es war die Amsel gegenüber auf dem Birnbaum. »Pli-pli-pliiiii!«, kreischte sie. »Jemand hat mein Ei geklaut! Dafür ist ein anderes in meinem Nest, ein falsches. Pli-pli!«

Im nächsten Moment ertönten von überall her aufgeregte Stimmen. »Bei mir auch! Bei mir auch!«

»Bei mir ist eins zu viel!«, piepste es aus dem Flieder.

Oje! Tilli schlug sich die Hand vor den Mund. »Fluffi?«, flüsterte sie.

Tüpfel schüttelte den Kopf. »Dann wären die Eier ganz weg und nicht vertauscht. Komm mit, das sehen wir uns aus der Nähe an!«

Tilli stieg auf seinen Rücken und sie sprangen von Baum zu Baum zur Amsel hinüber.

Die hüpfte mit gesträubtem Gefieder auf ihrem Nest umher und tockte mit dem Schnabel auf das fremde Ei, das etwas größer war als die anderen. »Ich habe meine Eier doch lieb, piep-piep!«, tschilpte sie. »Was mache ich denn jetzt?«

Tilli stellte sich vor, ihre Eltern hätten sie nicht mehr. Bei dem Gedanken füllten sich ihre Augen mit Tränen und ihre Eltern taten ihr unheimlich leid.

Tilli wollte der Amsel so gerne helfen. Nur wie? Sie rieb sich die sommersprossige Nase. Das half manchmal beim Nachdenken. Und tatsächlich: Plötzlich wusste sie, was zu tun war. »Ich habe eine Idee«, sagte sie zu Frau Amsel.

»Eine nussstarke Idee«, warf Tüpfel ein.

»Wir treffen uns am Bach«, erklärte Tilli. »An der sandigen Stelle am Ufer. Sag den anderen Bescheid. Und bringt alle die falschen Eier mit!«

Die Amsel überlegte nicht lange und flog los.

Auch Tilli stieg wieder auf Tüpfels Rücken. »Woher willst du denn eigentlich wissen, dass meine Idee nussstark ist?«, fragte sie.

Tüpfel sah sie ein wenig verwundert an. »Ich finde alles, was du machst, nussstark.«

Als sie am Bach ankamen, lagen bereits drei Eier im Sand und Frau Meise, Frau Rohrsänger und Frau Rotkehlchen hopsten aufgeregt auf und ab.

Es dauerte nicht lange, da kam eine Schwalbe mit einem Ei im Schnabel angesegelt und ihr folgten Frau Fink, die kleine Frau Zaunkönig und zuletzt die Amsel. Behutsam legten auch sie ihre Fracht in der kleinen Mulde ab, die Tilli und Tüpfel gebuddelt hatten, damit die Eier nicht davonkullerten.

Mit all den großen, kleinen, weißen, goldbraunen, grünen, bläulichen und gesprenkelten Eiern erinnerte es Tilli ein wenig an ein Osternest. »Eins hübscher als das andere«, hauchte sie.

Die Vogelmamas lächelten geschmeichelt. Dann sahen sie Tilli und Tüpfel erwartungsvoll an. »Und jetzt?«

»Jetzt«, erklärte Tilli, »schaut jede, ob ihr eigenes Ei dabei ist!«

Das ließen sich die Vogelmütter nicht zweimal sagen. Mit schief gelegten Köpfen betrachteten sie die Eier, lauschten und schnupperten daran und stupsten sie mit den Schnäbeln an.

Tilli und Tüpfel sahen mit angehaltenem Atem zu.

Es wurde ganz still.

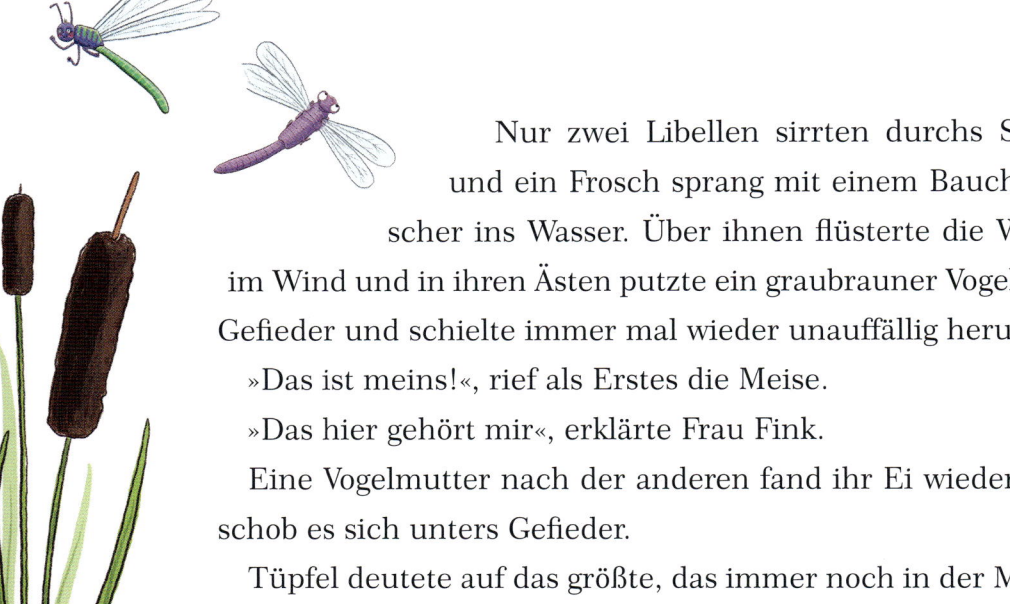

Nur zwei Libellen sirrten durchs Schilf und ein Frosch sprang mit einem Bauchplatscher ins Wasser. Über ihnen flüsterte die Weide im Wind und in ihren Ästen putzte ein graubrauner Vogel sein Gefieder und schielte immer mal wieder unauffällig herunter.

»Das ist meins!«, rief als Erstes die Meise.

»Das hier gehört mir«, erklärte Frau Fink.

Eine Vogelmutter nach der anderen fand ihr Ei wieder und schob es sich unters Gefieder.

Tüpfel deutete auf das größte, das immer noch in der Mulde lag. »Und wem gehört dann das grüne?«

Die Vögel zuckten mit den Flügeln.

»Aber wer macht denn so was?«, fragte Tilli. »Wer verschusselt denn sein Ei?«

»Und wenn es Absicht war?«, piepste die Zaunkönigin.

Plötzlich gingen alle Blicke nach oben zu dem graubraunen Vogel in der Weide.

»Zum Kuckuck!« Tüpfel schlug sich die Pfote vor die Stirn. »Natürlich! Dass wir da nicht früher draufgekommen sind. Das weiß doch jedes Kind, dass Kuckucke Faulpelze sind!«

»Faulfedern«, verbesserte die Amsel.

Tilli sah verständnislos von einem zum anderen.

»Kuckucksdamen legen ihre Eier in fremde Nester und lassen sie von anderen ausbrüten«, erklärte Tüpfel. »Und ihre Jungen durchfüttern.«

»Das ist ja frech«, sagte Tilli.

»Zum Federnraufen ist das!«, schnatterte die Vogelschar und raufte sich das Gefieder. Alle keckerten und meckerten durcheinander.

»Frau Kuckuck!«, rief die Amsel dem graubraunen Vogel zu. »Komm her!«

»Ich?« Die Kuckucksdame guckte harmlos. »Wieso? Kann man sich hier nicht mal in Ruhe putzen?«

Aber die anderen ließen sich nicht täuschen.

»Komm runter, sonst kommen wir rauf«, sagte Tüpfel nur.

Das wirkte.

»Ist das dein Ei?«, fragte er die Kuckucksdame, als sie vor ihm im Sand landete.

Erst wollte sie es nicht zugeben, aber unter den strengen Blicken von Tilli, Tüpfel und der ganzen Vogelschar nickte sie doch irgendwann. Verlegen scharrte sie im Sand. »Na gut, ich gebe es ja zu. Es ist doch meins. So bin ich eben. Aber ich habe kein einziges Ei aus dem Nest geworfen, sondern sie nur umverteilt.« Sie schaute sich stolz um, aber niemand wollte sie dafür loben.

Die Vogelmütter verschränkten die Flügel, Tilli und Tüpfel die Arme.

»Hört mal, das hat viel Arbeit gemacht«, erklärte Frau Kuckuck. »Ich habe mein Ei zur Amsel ins Nest gelegt und dann war da kaum mehr Platz. Also habe ich ein Amselei in ein Nest mit kleineren Eiern

gebracht und immer so weiter, bis zur Zaunkönigin. Bei so winzigen Eiern fällt eins mehr gar nicht auf. Dachte ich.«

Frau Zaunkönig stemmte die Flügelchen in die Seiten. »Also, das ist doch die Höhe!«, piepste sie.

Frau Kuckuck scharrte noch mehr. *Kritz-kratz!*

Plötzlich kam im Sand noch ein Ei zum Vorschein. Es war weiß und ziemlich rund.

»Hu-huch, ku-ku-guckt mal!«, kreischte sie entsetzt und fiel vor Schreck fast rückwärts darüber. »Das ist jetzt aber echt nicht von mir!«

»Das kann ja jeder behaupten«, schimpften die anderen Vögel vor sich hin und schüttelten die Köpfe und die Schnäbel über sie. Dann bedankten sie sich bei Tilli und Tüpfel und wollten mit ihren Eiern davonfliegen.

»Moment mal!«, rief Frau Kuckuck. »Wer brütet denn jetzt mein Ei aus? Weil … Ich weiß doch gar nicht, wie das geht.«

Tilli deutete auf das neue Ei. »Und wer brütet das hier aus?«

Alle pickten am Boden herum, als wäre dort ein fetter Wurm.

»Das soll Frau Kuckuck übernehmen«, schlug die Zaunkönigin schließlich vor. »Dann sieht sie mal, wie das ist.«

Die Kuckucksdame tippte sich an die Stirn. »Ich hab doch keinen Vogel! Ich brüte keine fremden Eier aus.«

Doch als die anderen richtig böse guckten, räusperte sie sich schnell. »Äh, ach, na ja, man ist ja kein Untier.« Sie tätschelte die weiße Schale und sagte: »Ei-ei.« Dazu machte sie so ein jämmerliches Gesicht, dass Tilli und Tüpfel Mitleid bekamen.

Das Eichhörnchen stellte sich auf die Hinterpfoten. »Was meinst du?«, flüsterte es Tilli ins Ohr. »Sollen wir ihr …«

»… helfen?«, fragte Tilli. Sie nickte. »Okay. Wir helfen dir, Frau Kuckuck! Aber ihr müsst uns sagen, wie es geht«, bat sie die anderen Vögel.

»Einverstanden«, tschilpten sie und erklärten ihnen, dass man ein Nest brauchte – am besten hoch oben und gut versteckt –, dass man die Eier schön warm halten musste und sie höchstens ganz kurz alleine lassen durfte und dass man sich unauffällig verhalten sollte, um keine Katzen oder Raubvögel anzulocken.

»Und nicht zu feste draufsetzen«, ergänzte Frau Fink, ehe sie mit den anderen davonflog.

Frau Kuckuck flatterte nervös mit den Flügeln. »Alles klar, alles klar«, murmelte sie. »Nicht allein das Nest verlassen und sich gut vor den Eiern verstecken.«

Tilli und Tüpfel verdrehten die Augen. Da lag wohl eine Menge Arbeit vor ihnen. Aber das war halb so wild. Schließlich würden sie Vogeleltern werden. Und das fanden sie nussstark!

4. Kapitel

In dem Tilli klettert wie ein Eichhörnchen und Frau Kuckuck das schönste Nest der Welt bekommt

Tüpfel zwirbelte erst seine Schnurrhaare, dann seine Puschelohren. »Was machen wir denn jetzt?«, murmelte er. »So ein Nest zu bauen macht wahnsinnig viel Arbeit. Da braucht man eine feste Unterlage, die gut verankert ist. Man muss massenhaft kleine Zweige und Schilf und Weidenäste verflechten und danach noch alles auspolstern. Das dauert Tage.« Er seufzte.

Tilli nagte nachdenklich an ihrer Unterlippe. Das hatte sie sich von Tüpfel abgeschaut. Dann leuchteten ihre Augen auf. »Ich kümmere mich um ein Nest«, verkündete sie und holte sich einen Nasenstupser von Tüpfel, um groß zu werden. »Wir treffen uns dann am Apfelbaum«, rief sie ihm über die Schulter zu und rannte ins Haus.

Dort sah sie sich um. Die Luft schien rein zu sein. Tilli schlich in die Küche. Doch als sie sich gerade den Brotkorb schnappen wollte, kam Mama herein.

»Was machst du da?«, fragte sie.

»Ich …« Tilli fiel keine Ausrede ein, also sagte sie einfach die Wahrheit. »Ich suche ein Vogelnest.«

Mama lachte. »Ein Vogelnest? In der Küche?«

Tilli musste auch lachen. »Ich suche etwas, das sich als Vogelnest *eignet*.«

»Wie wäre es damit?« Mama zog einen großen alten Topf heraus, der jede Menge Dellen hatte.

»Hm«, machte Tilli. »Der Topf ist super, aber zu schwer. Wie soll man den im Baum festmachen? Und wenn es regnet, haben die Vögel ein Planschbecken.« Sie deutete auf den Brotkorb. Der war geflochten und schön rund. »Der wäre perfekt.«

»Aber das ist doch unser Brotkorb«, protestierte Mama.

»Ja, aber vorher war er mein Osternest. Eigentlich gehört er doch dann mir«, sagte Tilli und guckte lieb. »Bitte, bitte, Mama.«

Mama legte den Kopf schief wie zuvor die Vogelmütter. »Stimmt auch wieder.«

»Danke, Mama!« Tilli schnappte sich den Korb. In der Tür drehte sie sich noch einmal um. »Nimm doch den Topf als Brotkorb!«

Mama schüttelte den Kopf. »Du hast immer die tollsten Ideen«, sagte sie.

»Du hast immer die tollsten Ideen«, sagte auch Tüpfel, als Tilli mit dem Weidenkörbchen am Apfelbaum ankam.

»Ich weiß«, meinte sie und grinste. »Und ich weiß auch schon einen guten Platz für unser Nest.« Sie zeigte auf das Himmelsfloß. »Das ist schön weit oben und gut versteckt.«

Noch vor wenigen Tagen hätte Tilli sich nicht getraut, so hoch hinaufzuklettern. Doch jetzt setzte sie sich den Brotkorb einfach auf den Kopf, damit sie die Hände frei hatte, und los ging es. Oben schwang sie sich auf einen dicken Ast.

Tüpfel, der sie überholt hatte, erwartete sie bereits und gemeinsam verankerten sie das Körbchen auf dem Unterbau.

Dann zauberte Tüpfel sie klein und sie holten Gras, Moos und Blätter, um das Nest auszupolstern, während Frau Kuckuck mit gemischten Gefühlen zusah.

Als alles fertig war, transportierte sie die beiden Eier im Schnabel hinauf und ließ sich darauf nieder. Sie ruckelte ein wenig mit dem Po hin und her und zupfte ein paar Grashalme zurecht. »Passt genau. Das Nest wäre ja ganz gemütlich«, stellte sie fest und hob den Po gleich wieder an. »Wenn nur die Eier nicht so hart wären.«

Also zogen Tilli und Tüpfel los und holten noch mehr Gras und Moos.

Tüpfel stibitzte sogar eine von Ellas hellrosa Glitzersocken von der Wäscheleine und Tilli schob der Kuckucksdame ein paar Kleeblüten unter den Po und besteckte das Nest mit Rosen. Danach flocht sie noch eine Gänseblümchengirlande, die sie in die Äste hängte.

»Das ist das schönste Nest weit und breit«, sagte Tüpfel. »Äh, und natürlich die hübscheste Vogelmama.«

»Ja, ich bin wirklich etwas ganz Besonderes«, meinte Frau Kuckuck und steckte sich zwei übrig gebliebene Gänseblümchen ins Gefieder. »Die beste Kuckucksmama der Welt«, sagte sie feierlich und guckte gleich viel zufriedener aus dem Nest.

»Und das ist für das zahmste Zaubertier der Welt«, fügte Tilli hinzu und drückte Tüpfel ein Küsschen auf die Nasenspitze. »Und den tollsten Vogelretter.«

Das Eichhörnchen wurde unter seinem rostroten Fell noch ein wenig röter. Dann fuhr es seine Krallen aus, kratzte am Ast und zerfetzte ein paar Blätter. Denn *so* zahm war es nun auch wieder nicht.

5. Kapitel

In dem Fluffi mit viel Gefauch auf Reisen geht und Tilli ein zauberhaftes Konzert hört

Noch aufgeregter als sonst lief Tilli nun jeden Tag zum Apfelbaum. »Und?«, rief sie Tüpfel schon von Weitem zu.

»So schnell geht das nicht mit dem Schlüpfen«, antwortete Tüpfel immer, obwohl er das Warten selbst kaum aushielt und ständig an den Eiern horchte.

Wie vereinbart, wechselten sie sich beim Brüten mit Frau Kuckuck ab, die ziemlich oft die Flatter machte. Also einen Ausflug unternahm. »Ich muss mal runter von den Eiern, ich habe schon Dellen am Po«, sagte sie dann oder: »Ich hab die Federn schön, es wird Zeit, auszugehn.«

Wenn Tilli brütete, brachte Tüpfel ihr Himbeeren und Brombeeren und wenn Tüpfel brütete, kuschelte Tilli sich zu ihm ins Nest. Manchmal tockte sie ganz sacht an ihrem weißen

Ei und flüsterte ihm zu: »Ich bin schon so gespannt auf dich!« Und dann spielten sie das Spiel *Was schlüpft wohl aus dem Ei?*

»Ein Storch«, sagte Tilli.

»Ein Flamingo«, sagte Tüpfel.

»Ein Vogel Strauß«, kicherte Tilli.

»Ein Pinguin«, keckerte Tüpfel.

»Hauptsache, kein Hahn!«, rief Tilli und dann lachten sie und sahen hinunter, wo Herr Schnabel im Gras herumstolzierte.

Wenn Frau Kuckuck brütete, gingen sie klettern, besuchten die Rose, die sie mit immer neuer Blütenpracht empfing, beobachteten Ameisen oder turnten durch die Baumkronen.

Nur wenn Fluffi im Garten war, taten sie nichts von alledem, sondern blieben beim Nest und behielten zu dritt die Katze im Auge.

Eines Abends sah Tüpfel zum Himmel hinauf.

Der Wind hatte aufgefrischt und trieb dunkle Wolken heran. Der alte Apfelbaum ächzte und das Nest schwankte wie ein Schiff auf hoher See.

»Da kommt ein Gewitter«, sagte das Eichhörnchen. »Ich spüre es in den Schnurrhaaren.« Und seine Schnurrhaare sollten recht behalten.

Über Nacht regnete es kräftig. Dicke Tropfen platschten gegen das Fenster und Tilli konnte kaum schlafen, so grell zuckten die Blitze und so laut grollte der Donner.

Im Morgengrauen erwachte sie von einem schrillen »Kuckuck, kuckuck« und davon, dass noch immer irgendetwas gegen ihre Scheibe bollerte.

Tilli fuhr hoch. *Frau Kuckuck!*, war ihr erster Gedanke. *Hoffentlich ging es ihr gut. Und den Eiern!* Tilli rieb sich die Augen und sah zum Fenster.

Dort saß Tüpfel auf dem Sims und machte ihr Zeichen. Mit einem Satz war Tilli auf den Füßen und riss das Fenster auf. »Tüpfel, was ist denn?«

Unsanft rempelte er sie an der Nase an. »Steig auf!«

Wieder erklang Frau Kuckucks wütende Stimme.

Jetzt verstand Tilli auch, was sie sagte: »Ku-guck mich nicht so an. An meine Eier kommst du nicht ran!«

Mit großen Sprüngen flitzten sie durch den Garten, den Holunder hinauf und von dort in den Pflaumen- und dann in den Apfelbaum, ehe Fluffi sie bemerkte.

Doch die hatte ohnehin nur Augen für das Vogelnest.

»Da seid ihr ja endlich!«, rief Frau Kuckuck. »Dieses Biest starrt mich immerzu an. Ich fühle mich sehr unwohl in meinem Gefieder«, jammerte sie und sträubte es eindrucksvoll, sodass sie ganz dick und rund wurde. »Die halbe Nacht schleicht die Katze schon um den Baum herum. Kaum ein Auge habe ich zugetan. Ku-guck woanders hin!«, keifte sie zu Fluffi hinunter.

Die Katze blickte unbeeindruckt nach oben und leckte sich mit der Zunge übers Maul. Dass sie beim letzten Ausflug auf den Baum heruntergeplumpst war, schien Fluffi längst vergessen zu haben. »Krchchch!«, fauchte sie.

Tilli fiel auf, dass die Katze noch nie mit ihr gesprochen hatte. »Warum verstehe ich Fluffi eigentlich nicht?«, fragte sie Tüpfel.

Das Eichhörnchen blickte seufzend hinunter, wo Fluffi die Krallen am Baumstamm schärfte. »Die spricht nicht mit jedem.«

Das Kratzgeräusch ließ Tilli erschaudern.

Auf keinen Fall durfte Fluffi die Eier in die scharfen Krallen bekommen!

Tüpfel dachte dasselbe und reckte die Brust vor. »Soll ich sie ablenken und mich von ihr jagen lassen?«

»Bloß nicht!« Tilli schüttelte den Kopf. »Du willst doch wohl nicht als Katzenfutter enden.« Dann kniff sie die Augen

zusammen. Katzenfutter. Genau! Das war die Lösung. »Tüpfel, wir müssen zurück zum Haus!«, befahl sie und stieg auf seinen Rücken.

In ihrem Zimmer ließ sie sich großzaubern und verschwand kurz, um bald darauf auf der Terrasse wieder aufzutauchen. Mit einer Dose Thunfisch, einem Becher Sahne und Mamas großem, altem Topf bewaffnet machte sie sich zur Obstwiese auf.

Tüpfel hastete ihr hinterher. »Was willst du denn damit?«

»Das wirst du schon sehen«, sagte Tilli geheimnisvoll. »Fluffi!«, rief sie der Katze zu, »Komm, lecker Fressi!« Sie schnalzte mit der Zunge, wie es ihre Nachbarin immer tat, wenn es Futter gab, und wedelte mit der Fischdose in Richtung Fluffi.

Schnell lief Tilli weiter zum Ende des Gartens. Aus dem Augenwinkel sah Tilli etwas Flauschiges, Weißes hinter sich her huschen. Sie lächelte. Es lief alles nach Plan.

Der Bach, der sonst so träge dahinplätscherte, gluckerte laut und hatte den sandigen Uferplatz überschwemmt. Normalerweise reichte Tilli das Wasser gerade mal bis zu den Knöcheln, jetzt ging es ihr bestimmt bis zu den Knien.

Noch einmal rief Tilli: »Mmh, lecker Fressi!« und schnalzte noch einmal mit der Zunge. Sie hatte die Thunfischdose kaum auf den Boden gestellt, da kam Fluffi schon angerannt und machte sich schmatzend darüber her.

Tilli bekam noch mehr Angst um die armen Vogeleier und auch Tüpfel, der in sicherer Entfernung in den Zweigen der Weide saß, sträubte sich das Fell, als er sah, was für einen Appetit die Katze hatte.

Zum Glück hatte Tilli auch noch Sahne mitgenommen. Fluffi sollte so pappsatt sein, dass sie sich nicht mehr für Eier und Vögel interessierte, sondern nur noch faul herumliegen konnte.

Mit Schwung goss Tilli die Sahne in den Topf und beugte sich über den Bach, um mit der Hand noch ein wenig Wasser hineinzuschöpfen.

Ungeduldig drängelte sich Fluffi an ihr vorbei. In ihrer Gier reckte die Katze den Kopf ganz weit vor … und noch weiter, streckte auch die Pfote aus und dann purzelte sie – o nein! – kopfüber in den Topf hinein.

Durch das plötzliche Gewicht glitt er Tilli aus den Händen. Sie wollte danach greifen, um ihn festzuhalten, doch er wurde sofort von der Strömung erfasst.

Fluffi machte einen Katzenbuckel und versuchte mit den Tatzen nach Tilli zu pratzen, aber

das brachte das seltsame Boot so sehr zum Schwanken, dass sie es gleich wieder sein ließ. Verwirrt guckte sie über den Rand und leckte sich die Sahne weg, die ihr aus dem Fell troff und über die Schnauze lief.

Tilli und Tüpfel winkten Fluffi nach, während der Bach sie davontrug.

»Gute Reise!«, rief Tüpfel und hopste von der Weide auf Tillis Schulter.

»Proviant hast du ja dabei!«, rief Tilli.

»Krchchch!«, fauchte Fluffi. Sie sprach ja nicht mit jedem.

Noch lange sahen die beiden Freunde der Katze nach, um sicherzugehen, dass sie auch wirklich weg war. Zumindest fürs Erste.

»Uff«, sagte Tilli.

»Finde ich auch«, sagte Tüpfel. »Und außerdem finde ich, dass wir uns eine Belohnung verdient haben«, fügte er hinzu und stupste sie mit der Nase an, um sie kleinzuzaubern.

Tilli war so müde, dass sie das Kribbeln kaum spürte. Dafür hörte sie ein leises Bimmeln. »Was ist das?«, fragte sie und sah sich um.

Alles war wie sonst. Nur die Gräser bogen sich unter den dicken, schweren Regentropfen und den kleineren Tautropfen.

Tüpfel grinste nagezahnig. »Das sind die Tropfen«, erklärte er. »Die klingeln wie winzige Glöckchen, wenn sie an den Spitzen der Halme wippen.« Er ließ sich unter der Heckenrose im Gras nieder und klopfte auffordernd neben sich.

Tilli setzte sich zu ihm. »Sollten wir nicht langsam Frau Kuckuck ablösen?«, fragte sie mit einem herzhaften Gähnen.

Tüpfel schüttelte den Kopf. »Jetzt kommt erst mal unsere Belohnung. Pssst!« Er legte eine Pfote an die Schnauze. »Gleich geht's los.«

In diesem Augenblick stieg die Sonne hinter den Feldern über den Horizont und färbte die Wolken eichhörnchenrot. Ihre Strahlen brachen sich in all den großen und kleinen Tropfen und brachten die Welt um Tilli und Tüpfel zum Funkeln.

Plötzlich hob Frau Rotkehlchen mit ihrer klaren, hellen Stimme an zu singen. Immer mehr und mehr Vögel fielen mit ein, bis ein vielstimmiger Chor erscholl.

Klingeling und *Bimmbimm*, bimmelten die Tropfen, *Schu-schi-schu-wei-wei*, säuselte der Wind in der Weide und der Bach gluckste *Glu-gluck, glu-gluck*.

Tilli und Tüpfel waren wie verzaubert. Lange lauschten sie dem wunderbaren Morgenkonzert und die Sonne war bereits weit über die Wipfel des Wäldchens geklettert, als sie wieder zum Nest kamen.

Frau Kuckuck schwang sich sogleich in die Lüfte und rief ihnen zu: »Ich brauche jetzt ein Sonnenbad.«

»Das trifft sich gut«, sagte Tilli. »Ich brauche jetzt ein gemütliches Nest.« Sie klopfte auffordernd neben sich, so wie Tüpfel es zuvor getan hatte. Dann kuschelte sie sich an ihn und war schon eingeschlafen. Kein bisschen wollten ihre Augen diesmal blinzeln.

Tüpfel seufzte. Eigentlich musste er ganz dringend rennen, klettern und springen. Es kribbelte ihn in allen vier Pfoten und dass Tillis Haare ihn an der Schnauze kitzelten, machte es noch schlimmer. Doch er blieb ganz still liegen, deckte behutsam seinen Eichhörnchenschweif über Tilli und sah zu, wie sie schlummerte.

6. Kapitel

In dem eine Rose rülpst und Tilli und Tüpfel mit dem Maulwurf im Dunkeln munkeln

Am darauffolgenden Tag gingen Tilli und Tüpfel wieder zum Bach. »Was ist mit Frau Kuckuck?«, fragte Tilli. »Will sie heute keinen Ausflug machen?«

»Die ist noch erschöpft von gestern und muss ihren Schönheitsschlaf nachholen«, erklärte Tüpfel und hielt Tilli zwei halbe Walnussschalen hin. »Wie wäre es mit einem Nussschalenboot-Wettrennen?«

»Au ja!« Tilli nickte.

Aber wenn die beiden ganz ehrlich waren, wollten sie unbedingt noch einmal dorthin, wo sie Fluffi zuletzt gesehen hatten. Vielleicht, dachten sie, könnten sie so herausfinden, wann die Katze zurückkehrte? Was, wenn

Fluffi sich Ruder gebastelt hatte und den Bach wieder herauf-gepaddelt käme?

Jedenfalls lugten Tilli und Tüpfel immer wieder unauffällig den Bachlauf hinunter und waren sehr, sehr froh, dort keine rudernde Katze zu sehen.

Erleichtert ließen sie ihre Nussschalenboote zu Wasser, die sofort von der Strömung davongetragen wurden, und sausten hinterher, um zu sehen, welches schneller war.

Das von Tilli verfing sich im Gras am Ufer und sie musste es anstupsen, damit es wieder die Verfolgung aufnehmen konnte.

Dafür blieb Tüpfels Boot in einem Strudel hängen und drehte eine Runde nach der anderen, bis sie es mit einem Stöckchen befreiten.

Danach setzten sie sich am Ufer auf einen Stein, der ganz wunderbar warm war, schlossen die Augen und ließen sich die Sonne ins Gesicht scheinen.

Plätscher, gluckerte der Bach.

Schhhh-wei-wei, raunte die Weide.

ÖRPS, machte … Ja, wer? Vermutlich war es Tüpfels Bauch. Der hatte ja immer Hunger. Und Tüpfel auch.

Tilli lauschte, aber bis auf *Plätscher-schhhh-wei-wei* blieb alles still.

Stopp! Da war es wieder! Diesmal klar und deutlich.

ÖÖÖRPS!

Tüpfel sah Tilli an. »Hörst du das auch?«

Tilli sah Tüpfel an. »Ich dachte, das wäre dein Bauch.«

Tüpfel grinste. »Und ich dachte, deiner.«

ÜÖÖÖÖÖRRRRPSSS! Laut und klagend klang es nun.

Woher kam das Geräusch? Tüpfel hatte die ohnehin spitzen Ohren gespitzt. »Es kommt …« Er sprang hin und her, horchte und deutete dann auf den Rosenstrauch. »Von da.«

»Du meinst, es ist die Rose?« Tilli sah ihn verwundert an. »Was hat sie denn?« Sie lief um den Strauch herum und betrachtete ihn von allen Seiten. Bis auf ein paar junge, hellgrüne Triebe, die schlapp herabhingen, war nichts zu erkennen.

In diesem Moment wölbte sich der Boden, ein Erdhaufen wurde aufgeworfen – und mitten heraus lugte ein Kopf.

Tüpfel grinste. »Du kommst wie gerufen, Motzi.«

»Ich wollte nur mal gucken, was hier so einen Lärm macht«, sagte Motzi und blinzelte.

Tüpfel hob die Pfoten. »Wir nicht. Es ist die Rose.«

»Die Rose? Quatsch mit Soße!«

Da gab der Strauch wieder ein »ÜRRPS« von sich.

Der Maulwurf rieb sich die kleinen, tief liegenden Äuglein. »Oh, du hast recht.«

»Was denkst du, was sie hat?« Tüpfel zupfte an einem welken Blatt. »Keine Läuse, keine Raupen, nichts zu sehen.«

»Hm, vielleicht ist was mit ihren Wurzeln«, meinte der Maulwurf, der ja Fachtier für alles Unterirdische war. »Vielleicht knab-

bern ganz viele Würmer daran.« Sein Schnäuzelchen zuckte verzückt. »Vielleicht auch nicht … Ist nicht gesagt. Nicht gesagt.«

»ÖÖÖÖÖRRRRG!«

»Klappe, Rose!«, maulte der Maulwurf.

Tüpfel wiegte den Kopf hin und her. »Ich glaube, Schimpfen hilft nicht. Das hilft sowieso selten. Was hältst du davon, mal nachzuschauen, was ihr fehlt? Dann hört das Gegurgel vielleicht auf und du hast wieder himmlische Ruhe.«

Das ließ den Maulwurf aufhorchen. »Erdige Ruhe«, sagte er.

»Hauptsache Ruhe«, sagte Tilli.

»Ups, wer ist denn da noch?«, fragte Motzi. Er beugte sich vor und kam so nah an Tilli heran, dass seine Schnurrhaare sie kitzelten. »Weißt du, ich sehe nicht so gut, dafür rieche und höre ich ganz hervorgrabend.«

»Was ist jetzt?«, drängelte Tüpfel. »Gehst du gucken?«

Der Maulwurf schüttelte den Kopf. »Nee. Wer weiß, was da los ist. Obwühl, wenn ihr mitkämt, würde ich es machen.«

»Muss das sein?«, fragte Tilli.

Motzi nickte. »Jawühl.«

»ÖÖÖÖÖRRRPS«, meldete sich die Rose wieder. Es klang kläglicher als je zuvor.

Tilli atmete tief durch. »Na gut, wir machen's.«

»Wir?« Tüpfel hopste vor Schreck in die Luft und fuhr sich hektisch mit der Pfote über die Schnauze. »Ach, du dicke Nuss«, murmelte er. »Ach, du dicke, dicke Nuss!«

Motzi bekam von der Aufregung nichts mit. »Kommt rein! Der Gang hier ist mir besonders gut gelungen«, erklärte er stolz. »Der ist schön breit und komfortabel, nicht zu steil und nicht zu flach, mit hohen Decken und ohne Sackgassen und Ecken.«

»Na, siehst du«, sagte Tilli zu Tüpfel und gab ihm einen aufmunternden kleinen Knuff in die Seite.

Dann ging es wirklich los. »Mir nach«, befahl der Maulwurf. »Wie heißt es so schön: Im Dunkeln ist gut munkeln.« Und noch ehe sie ihn fragen konnten, was das bedeutete, tauchte er kopfüber in das finstere Loch.

Tilli und Tüpfel guckten auf seinen pelzigen Po und die Beine, die noch kurz in der Luft zappelten, ehe auch sie verschwunden waren.

»Du zuerst«, sagte Tüpfel.

Tilli holte tief Luft. Dann kroch sie in das Loch. Sie musste jetzt mutig sein. Für zwei. Sofort umfing sie Dunkelheit und unter ihren Händen und Knien fühlte es sich seltsam weich und krümelig an. Der Tunnel war gerade hoch genug, dass sie gut krabbeln konnte.

Als Letzter steckte Tüpfel den Kopf in den Gang. »Ist das zappenduster«, stöhnte er. »Und eng. Und es riecht irgendwie streng.«

»Ja, wunderbar muffig, nicht wahr?«, schwärmte Motzi. »Bleibt ganz dicht hinter mir, damit ihr euch nicht verkrabbelt.«

Das ließen sich Tilli und Tüpfel nicht zweimal sagen. Um keinen Preis der Welt wollten sie hier unten verloren gehen.

Hinter sich hörte Tilli ein seltsames Klappern. Ob das das Munkeln war, von dem Motzi gesprochen hatte?

Aber nein, es kam von Tüpfels Nagezähnen, die aufeinanderschlugen.

»Ich bin doch bei dir!«, flüsterte sie ihm zu.

»Und ich bei dir«, flüsterte er zurück, doch seine Zähne klapperten weiter.

Sie bogen einmal links und zweimal rechts ab, dann ging es noch etwas tiefer hinab. Der Weg war nicht weit, doch den beiden kam es wie eine halbe Ewigkeit vor.

Tilli tapste mit der Hand in etwas Feuchtes. »Ihhhh!«, quiekte sie.

»Das ist nur Schlamm«, erklärte der Maulwurf.

Tüpfel streifte etwas Dünnes, Langes im Gesicht. »Ihhhh«, fiepte er.

»Das sind nur Wurzeln«, erklärte Motzi. »Wir sind nämlich gleich da. Äh, Moment mal!«

Er hielt plötzlich an und Tilli, die nichts sah, brummte – *bumm!* – gegen sein Hinterteil.

Tüpfel, der nichts sah, stieß – *wumm!* – gegen Tillis Hinterteil.

»Warum bleibst du stehen?«, fragte Tüpfel Tilli.

»Warum bleibst du stehen?«, fragte Tilli Motzi.

»Verbuddelt und zugewühlt! Hier ist ja der Gang überschwemmt!«, fluchte der Maulwurf. »Jetzt verstehe ich. Die Rose steht im Wasser. Das mag sie natürlich gar nicht. Rein gar nicht«, murmelte er und tapste platschend herum. »So eine Rose ist ja kein Fisch. Und keine Seerose.«

»ÜÜÜÖÖÖRRRPS«, gurgelte es über ihren Köpfen. Es klang wie ein Rülpsen – und genau das war es auch. Die Rose hatte zu viel Wasser geschluckt. Das war sicher kein schönes Gefühl.

Tilli kannte das. Erst vor ein paar Tagen hatte sie mit Ella ein Apfelschorlen-Wetttrinken gemacht und das hatte ihr arges Bauchweh und stundenlanges Rülpsen eingebracht.

»Und was machen wir jetzt?«, fragte Tilli. »Sollen wir sie umpflanzen?«

»Dazu ist der Rosenstock zu groß«, meinte Motzi.

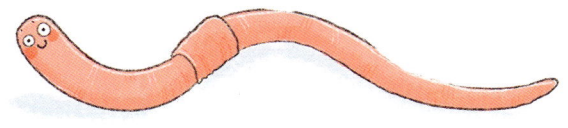

»Das Wasser versickert doch von selbst, oder?«, fragte Tüpfel.

Motzi seufzte. »Ja, aber das dauert.«

»Dann weiß ich auch nicht«, sagte Tüpfel. »Da tappe ich jetzt echt im Dunkeln. Im noch Dunkleren als in deinen dunklen Gängen.«

»Ja klar!«, rief Motzi plötzlich. »Gänge! Das ist es. Wir brauchen noch ein paar weitere Gänge von den Wurzeln aus steil nach unten. Damit das Wasser abfließen kann! Genau. So mach ich das.« Er sah Tilli und Tüpfel begeistert an, was die natürlich nicht mitbekamen.

Tilli strahlte ihn an, was er natürlich auch nicht sah. »Das würdest du tun? Danke! Das ist eine hervorragende Idee!«

»Hervorgrabend«, verbesserte der Maulwurf sie. »Jaja, schon gut. Ich grabe tief, ich grabe weit, das macht ja nichts, ich hab ja Zeit«, trällerte er und buddelte gleich los. Vom Graben bekam er immer gute Laune. »Ihr findet selbst zurück, oder?«, rief er ihnen noch über die Schulter zu. »Zweimal links und einmal rechts und dann immer der Nase nach.«

Diesmal war es Tüpfel, der nach Tillis Hand tastete und sie gar nicht mehr loslassen wollte. »Zweimal links und einmal rechts«, wiederholte er mit zittriger Stimme. Dann machten sie schleunigst kehrt, was in dem engen Tunnel gar nicht so leicht war.

Zum Glück behielt der Maulwurf recht. Der Rückweg kam ihnen viel kürzer vor als der Hinweg und bald schon sahen sie Licht am Ende des Tunnels.

Sie setzten sich in die Sonne und Tüpfel begann ausführlich sein Fell zu putzen, während Tilli nur ein wenig die Erde von ihren Kleidern abklopfte. Und wenn sie das Ohr auf den Boden legten, konnten sie es dort unten ganz leise buddeln und laut rülpsen hören: *Chhhrt-chhhrt-chhhrt* – »ÖRPS«!

Als Tilli am Abend noch einmal zum Bach hinunterlief, um nach dem Rechten zu sehen, hatte das Rülpsen aufgehört.

Fröhlich wiegte die Rose ihre frischen Triebe im Wind, als wolle sie tanzen.

Und da freute sich Tilli so, dass sie ein bisschen mittanzte.

7. Kapitel

In dem Wiedersehen keine Freude macht und Tilli und Tüpfel einen verwegenen Plan schmieden

Drei Tage später war Fluffi wieder da und strich um den Apfelbaum. Es waren friedliche Tage gewesen, so ganz ohne Katze. Aber natürlich war es nur eine Frage der Zeit, bis sie wieder auftauchte.

Tilli und Tüpfel hatten viel darüber nachgedacht, wie sie Fluffi auf Abstand halten konnten.

Tilli hatte versucht, ihre Eltern zu überreden, die untersten Zweige des Apfelbaums abzusägen, damit Fluffi nicht mehr hinaufklettern konnte. Aber Papa wollte nicht. Mama wollte auch nicht. Und Ella wollte sowieso selten irgendwas, was Tilli wollte.

Sie hatten auch überlegt, das Nest höher hinauf zu verlegen, doch dort oben waren die Äste zu dünn.

»Am besten wäre es, ihr schlüpft einfach, bevor Fluffi zurückkommt«, hatte Tilli täglich zu den Eiern gesagt. »Beeilt euch mal ein bisschen!«

Und Tüpfel hatte mit seiner kleinen, weichen Pfote behutsam dagegen geklopft und die tollsten Versprechungen gemacht, von aufregenden Kletterpartien und leckeren Nüssen bis hin zu Eichhörnchen-Küssen. Doch vergebens.

Nun war Fluffi also wieder zurück. Mürrischer als je zuvor bearbeitete sie den Stamm des Apfelbaums mit ihren Krallen, als wolle sie den

Baum umwerfen, und tatzte nach Blütenköpfen und vorbei-
fliegenden Bienen.

Tüpfel rutschte unbehaglich auf den Eiern hin und her.
»Lange geht das nicht mehr gut«, murmelte er. »Ich habe ein
ganz schlechtes Gefühl in den Schnurrhaaren.«

Und tatsächlich: Bald darauf machte Fluffi
einen großen Satz und saß auf dem untersten Ast des Apfelbaums, um jetzt aus
deutlich kürzerer Entfernung zum
Vogelnest hinaufzustarren.

»Mach einen Abflug, Katze!«, rief
Frau Kuckuck, die gerade von ihrem Ausflug
zurückkehrte.

Zum Glück kam in diesem Moment Herr Schnabel vorbei
und stimmte ein riesiges Gezeter an. Er und Fluffi waren
Feinde. Zu oft hatte die Katze seine Hühnerschar geärgert. Am
liebsten wäre er zu ihr hinaufgeflattert, doch so hoch kam er
nicht. Mit seiner Stimme kam er jedoch überallhin. Die drang
durch die dicksten Mauern und die dünnsten Ritzen.

Fluffi zuckte mit den Ohren. Lärm hasste sie, denn ihr Ge-
hör war fein, fast so gut wie das des Maulwurfs.

Frau Kuckuck hielt es auch kaum aus. »Ich kann so nicht
brüten«, stöhnte sie und schlug sich dramatisch einen Flügel
vor die Stirn. »Könnte die Kreischkrähe bitte mal den Schnabel
halten? Das geht einem ja durch Mark und Eierschale.« Dabei
war sie im Grunde heilfroh, dass der Hahn sich hier so auf-
führte und Fluffi von den Eiern ablenkte.

In diesem Augenblick ertönte ein Zungenschnalzen und die Nachbarin rief die Katze zum Essen.

Mit einem letzten Blick nach oben sprang Fluffi vom Ast. »Mrrrr!«, maunzte sie. *Ich komme wieder,* hieß das wohl.

»Von wegen Kreischkrähe!«, krächzte der Hahn zu Tilli, Tüpfel und Frau Kuckuck hinauf. »Passt ihr lieber gescheit auf eure Eier auf! Bei uns traut sich die Mieze das nicht.«

»Ihr habt es ja auch gut«, seufzte Tüpfel. »Ihr habt ein Gehege zum Schutz vor bösen großen Katzen.«

»Das liegt ja wohl eher an mir, dass meine Hühner keine Angst haben müssen«, beharrte Herr Schnabel und plusterte sich auf.

»Na ja«, sagte Tüpfel, »also ohne den Zaun …« Doch weiter kam er nicht, denn der Hahn übertönte ihn:

>*Ich bin der Allerstärkste hier!*
Selbst Fluffi hat echt Schiss vor mir.
Ich schrei die Tonleiter runter und rauf –
und pass auf meine Mädels auf.
Bin der Wecker, der Oberchecker
und im Garten der Vollstrecker.
Bin ein frecher Knochenbrecher,
Hühnerstall-Sprecher und Eierdieb-Rächer.
Denn Eierdiebe sind VERBRECHER!«

Seine Stimme war immer schriller geworden und sein Kamm und der rote Hautlappen am Kinn schwollen so sehr an, dass er kaum mehr sah, wohin er lief.

»*Bin ein abgebrühter Eierbehüter!*«, rappte er weiter und breitete die Flügel aus. »*Bin der Oberaufpasser und Katzenhasser!*« Er drehte sich einmal um die eigene Achse, geriet ins Straucheln und landete erschöpft auf dem Hinterteil.

Daraufhin war erst einmal Ruhe.

Tilli versuchte, ein Lachen zu unterdrücken. »Hm, so richtig toll klappt das aber nicht mit dem Eierbehüten«, rief sie ihm zu.

»Kikeri-wie?«, stammelte der Hahn und ließ sich von seinen Hühnern hochhelfen.

»Na, meine Eltern holen doch immer eure Eier.«

Plötzlich war die Luft aus ihm raus und sein Kamm klappte um. »Ja.« Er scharrte. »Gegen die komme nicht mal ich an … Aber sonst beschütze ich meine Hühner echt gut, oder?«

»Supergut«, sagte Tilli.

»Beeindruckend gut«, sagte Tüpfel.

»Sag ich doch«, sagte Herr Schnabel und die Hühner gackerten beifällig.

»Warum probiert ihr es nicht mal mit Verstecken?«, meinte Tilli.

»Was soll das bringen, wenn wir uns verstecken?«, fragte Herr Schnabel.

Tüpfel lachte. Er war deutlich schneller von Begriff als der Hahn. »Nicht ihr. Die Eier!«

Herr Schnabel legte seinen Kopf nach links und die Hennen ihre Köpfe nach rechts. »Aha«, sagte er. »Und wo?«

Tilli tat, als würde sie nachdenken. »Hier im hohen Gras beim Apfelbaum«, schlug sie vor. »Da wird nie gemäht. Da sind sie sicher.«

Herr Schnabel legte seinen Kopf nach rechts und die Hennen ihre Köpfe nach links. »Und was ist mit Fluffi?«, fragte er.

Tilli grinste. »Die hast du doch im Griff.«

Herr Schnabel wiegte den Kopf, dass sein Kamm hin- und herschlabberte. »Kikeri-hm. Das muss ich mit meinen Mädels begackern.« Sie steckten die Köpfe zusammen.

»Gaaaak, Goooook, Booooog!«

Mehr war nicht zu verstehen, egal wie sehr Tilli und Tüpfel die Ohren spitzten.

Irgendwann hob der Hahn den Kopf. »Wir haben beschlossen, erst mal ein Ei darüber zu legen«, verkündete er und rauschte mit seinem Gefolge ab.

»Hä?«, machte Tilli.

»Na ja, Menschen schlafen darüber, wenn sie in Ruhe über etwas nachdenken wollen«, erklärte Tüpfel, »und Hühner legen ein Ei darüber.«

Tilli rieb sich die Nase. »Die entscheiden sich doch nie, die gackern nur«, sagte sie.

Tüpfel nickte. »Stimmt.« Er ließ sich nach vorne fallen und hing plötzlich kopfüber vom Ast. So konnte er besser nachdenken. »Wenn das Eichhörnchen nicht zur Nuss kommt, muss die Nuss eben zum Eichhörnchen kommen«, murmelte er nach

einer Weile. »Will heißen: Wenn die Eier nicht zu uns kommen, müssen wir eben zu den Eiern. Und sie uns holen!«

Tilli sah ihn an. »Ist das nicht *Stehlen?*«

Tüpfel schüttelte den Kopf, dass die haarigen Puschel an seinen Ohren flogen. »Nö, wir verhelfen den Hühnern nur ein bisschen zu ihrem Glück.«

Tilli war noch nicht überzeugt. »Wie soll das denn gehen?«, fragte sie sein Hinterteil, das er ihr entgegenreckte. »Mich lässt Herr Schnabel nicht ins Gehege. Und du kommst zwar locker über den Zaun, aber wie willst du die Eier rauskriegen und über die Wiese? Hühnereier sind echt groß, wenn man klein ist.«

»Gute Frage.« Tüpfel zwirbelte so wild seine Schnurrhaare, dass er sich eines ausriss. »Autsch!« Er seufzte. Alles Zwirbeln, Nagen und Nasereiben schien diesmal nichts zu bringen.

Ihnen wollte einfach nichts einfallen.

Aber dann tauchte doch noch die Lösung ihres Problems auf, und zwar aus der Erde:

Es wurde ein Erdhügel aufgeworfen und Motzi erschien, auf dem Kopf ein Gänseblümchen. »Was war das denn hier für ein ohrenbetäubender Lärm?«, nölte er. »Das war sogar zu laut zum Beschweren. Das ist doch wohl die Tiefe … äh … Höhe!«

Tüpfel begann zu grinsen. Das sah falsch herum sehr komisch aus. »Du kommst wie gerufen«, sagte er zu Motzi und schwang sich wieder auf den Ast hinauf. »Steig auf«, forderte er Tilli auf.

»Ich hab eine Idee«, sagte er zu den beiden, als sie zu dritt unten im Gras standen. Dann flüsterte er ihnen abwechselnd seinen Geheimplan ins Ohr. »Mission *Liebe Eierdiebe*, heute Nacht. Abgemacht?«, fragte er, als er ihnen alles erklärt hatte.

»Abgemacht«, sagte der Maulwurf.

»Abgemacht«, sagte Tilli.

Und damit war es beschlossene Sache. Allein schon bei dem Gedanken daran klopfte Tillis Herz so laut, wie der Hahn auf dem Boden herumhackte, wenn er aufgebracht war. Was sie vorhatten, war aufregend. Sehr, sehr aufregend!

8. Kapitel

In dem Tilli und Tüpfel zu Dieben werden, aber zu ganz lieben Dieben

Nock-nock-nock, tockte Tüpfel mit einer Nuss an Tillis Fenster.

Tilli rieb sich einen Moment verschlafen die Augen, dann war sie hellwach.

Es war so weit! Sie angelte nach ihren Schuhen, die vor dem Bett bereitstanden, und öffnete das Fenster.

Hastig vollführten sie und Tüpfel ihr Nasenspitzen-Begrüßungsritual und schon war Tilli klein und sauste auf Tüpfels Rücken am Efeu die Hauswand hinab und in die Nacht hinein.

Der Garten sah im Mondschein ganz anders aus: viel größer und geheimnisvoller. Wie verzaubert.

Der Wind schien zu schlafen und die meisten Tiere auch. Niemand brummte, sammelte und summte.

Nur die Bäume raunten wie immer.

Mit großen Sprüngen über-
querte Tüpfel den Rasen, um
dann im Schatten der Büsche
und Bäume unterzutauchen.
    Der Maulwurf war schon da. Direkt vor dem Hüh-
nergehege hatte er einen neuen Haufen aufgeworfen.
Er hob zum Gruß seine breite Pfote und deutete mit

einem Nicken zum Gehege. »Ist alles ruhig«, sagte er und sein Schnäuzelchen zuckte aufgeregt.

Tilli und Tüpfel spähten durch den Maschenzaun zum Hühnerhaus hinüber, aus dem ab und zu ein leises Rascheln und ein schläfriges Gackern drang.

»Seid ihr bereit?«, fragte Motzi.

Tilli und Tüpfel nickten tapfer und – *schwupps!* – verschwand einer nach dem anderen in dem Maulwurfs-haufen. Nachts in die Dunkelheit ein-zutauchen, war besser als am Tag. Der Unterschied war nicht so groß, weil die Augen bereits an die Finsternis gewöhnt waren. Außer-dem machten Tilli und Tüpfel das ja nicht zum ersten Mal.

Eine Zeit lang blieb alles still.

Nur ein Nachtfalter zog seine Kreise und zwei Glühwürm-chen leuchteten mit den Sternen um die Wette.

Dann tauchten auf der anderen Seite des Zauns drei kleine Gestalten auf. Sie huschten zum Hühnerhaus und lugten hi-nein.

Die Hühner saßen nebeneinander auf der Stange und Herr Schnabel thronte mittendrin. Darunter lagen am Boden im Stroh drei Eier.

Auf leisen Pfoten und Sohlen schlichen die Freunde hinein.

Auf Tüpfels Zeichen hin holte Tilli ein Ei nach dem ande-ren aus den Legenestern und reichte es an Motzi und Tüpfel weiter. Ihr Herz klopfte dabei so laut, dass sie Angst hatte, die Hühner müssten es hören. Doch die schliefen tief und fest.

Ebenso lautlos, wie sie gekommen waren, traten sie den Rückzug an und kullerten die Eier vorsichtig durch die unterirdischen Gänge – jeder eines. Hinunter ging es ganz leicht, da rollten die Eier von allein und man musste nur achtgeben, dass sie nicht zusammenstießen. Geradeaus war schon schwieriger, wenn man selbst auf allen vieren unterwegs war, und sie hielten mehrmals inne, um zu verschnaufen.

Der Weg war weit und beschwerlich und führte unter dem Zaun und der Wiese hindurch bis zum Apfelbaum.

Dort bog Motzi steil nach oben ab und stupste und stemmte mit aller Kraft und ein bisschen Anlauf sein Ei hinauf. »Ächz«, stöhnte er.

»Uffz«, ächzte Tilli, die direkt hinter ihm war.

»Ach, du dickes Ei!«, japste Tüpfel, der das größte erwischt hatte.

Doch schließlich lagen die Hühnereier weiß und strahlend wie drei kleine, etwas zu lang geratene Vollmonde im Gras.

»Geschafft«, keuchte Tüpfel. »Heute Nacht müssen noch *wir* darauf aufpassen, ab morgen ist Herr Schnabel mit seiner Hühnerschar zuständig.«

Motzi setzte sich wieder in die Erde ab.

Tilli setzte sich auf die Eier, damit sie schön warm blieben, konnte jedoch jederzeit von Tüpfel großgezaubert werden, falls Fluffi auftauchen sollte.

Und Tüpfel setzte sich auf einen Zaunpfosten am Hühnergehege und wartete darauf, dass Herr Schnabel erwachte.

Keine halbe Stunde später, als der Himmel sich von türkisblau zu orangerot färbte, ertönte ein schriller Schrei. »Kikerikiiii! Eierdiebe waren hie … äh … hier! Fiese, fiese Eierdiebe!«

Diesen Ruf kannten Tilli und Tüpfel. Nur dass er normalerweise tagsüber erscholl.

Mit zwei großen Sätzen war Tüpfel bei Herrn Schnabel. »Nicht so laut«, raunte er ihm zu. »Muss ja nicht jeder wissen, dass die Eier jetzt woanders sind. Die sind gar nicht gestohlen, sondern nur gut versteckt. Das waren nämlich liebe Eierdiebe.«

Herr Schnabel verschluckte sich fast vor Aufregung, rannte auf und ab und flatterte schließlich auf das Hühnerhaus hinauf. »*Kikeriki!* Wo sind die Eier denn hi? Äh … hin?« Ruckartig drehte er den Kopf in alle Richtungen.

Das Eichhörnchen deutete zum Apfelbaum. »Schau doch mal da drüben.«

Der Hahn nahm Anlauf, flatterte über den Zaun und raste los. Die Hühner taten es ihm gleich und flatterten gackernd hinterher.

Erst versuchten sie, die Eier wieder ins Gehege zurückzukullern, doch die lagen so tief im hohen Gras, dass sie sie mit ihren Krallen und Schnäbeln kaum eine Federlänge bewegen konnten.

Dann beruhigten sich die Hühner allerdings erstaunlich schnell. Denn wenn sie ehrlich waren, waren sie gar nicht so böse darüber. Sie wollten nämlich ganz gern ausprobieren, ob sie hier mit mehr Ruhe brüten konnten.

Da die Eier aber jetzt sehr eng zusammenlagen, konnte sich immer nur *ein* Huhn daraufsetzen, und so gab es ein Riesengedrängel.

»Ich« – »Nein, ich!« – »Mein Po will auch mal brüten!«, ging es hin und her, bis der Hahn ein Machtwort sprach. »Drängelt nicht so. Ihr kommt alle mal dran«, bestimmte er. »Und der Rest hält mit mir Wache.« Und wenn der Hahn das sagte, dann wurde es so gemacht.

Tilli und Tüpfel hatten alles aus sicherer Entfernung verfolgt.

»Nussstark, wie das geklappt hat, oder?«, fragte Tüpfel.

»Ganz hervorgrabend« sagte Tilli und gähnte. »Aber Eierklauen macht echt müde.«

»Dann ab mit dir ins Nest!«, meinte Tüpfel. »Äh, ins Bett.«

Er ließ sie auf seinen Rücken steigen, huschte mit ihr durch den Garten und durch ihr Fenster.

Zum Abschied stupste er ihr wie immer auf die Nase. »Schlaf schön, du lieber Eierdieb«, sagte er.

»Selber«, kicherte Tilli und winkte ihm nach, als er im Efeu verschwand.

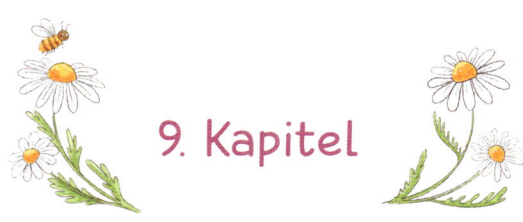

9. Kapitel

In dem zwei in den Kampf ziehen und einer den Kürzeren zieht

Schon den ganzen Tag über hielt der Hahn Wache. Während die Hühner sich mit Brüten abwechselten und im Gras herumpickten, stolzierte er Runde um Runde um den Apfelbaum. Ab und zu machte er kehrt und änderte die Richtung, damit er keinen Drehwurm bekam.

Tilli und Tüpfel, die beide noch einmal geschlafen hatten, leisteten Frau Kuckuck beim Brüten Gesellschaft. Und natürlich wollten sie auch da sein, wenn Fluffi den Garten wieder unsicher machte.

Am Nachmittag war es dann so weit.

Im hohen Gras blitzte weißes Fell auf, als die Katze wie ein Tiger Richtung Apfelbaum pirschte. Hinter den Johannisbeersträuchern hielt sie inne, den Blick nach oben auf das Nest gerichtet, und fuhr sich mit der Pfote übers Maul.

»Achtung, Herr Schnabel«, raunte Tüpfel dem Hahn zu. »Katze im Anmarsch.«

Aber das wäre gar nicht nötig gewesen.

Der Hahn machte bereits den Hals lang, ruckte mit dem Kopf und guckte. »Kikikerikiiii«, krähte er und ging vor dem Baum in Stellung. »Obacht! Ich bin der Oberaufpasser und Katzenhasser!«

Doch Fluffi schlich unbeirrt weiter, bis sie nur noch wenige Schritte voreinander getrennt waren.

Der Hahn reckte angriffslustig den Schnabel vor. »Wer meinen Hennen zu nahe kommt«, schrie er, »den pick ich zu Grütze, der kriegt auf die Mütze!«

Fluffi entblößte die Zähne und fauchte. »Chhhhrrrr!« Es klang halb zornig, halb belustigt. Sprungbereit kauerte sie sich ins Gras.

Einen Moment war alles ganz still, während die beiden sich musterten.

Dann ging Herr Schnabel unvermittelt zum Angriff über. Ruckartig richtete er sich zu voller Größe auf, nahm Anlauf und flatterte hoch, wobei er mit den Krallen nach Fluffi schlug.

Nun war auch die Katze auf den Hinterbeinen. In der Luft prallten sie zusammen. Man sah nur noch weißes Fell und wild flatternde Federn.

Dann ließen sie voneinander ab und umkreisten sich, ohne sich aus den Augen zu lassen.

Fluffi tatzte mit der Pfote nach Herrn Schnabel und versuchte, ihn zu Boden zu drücken.

Der Hahn hackte mit dem Schnabel nach ihr und trat aus. So ging es hin und her. Mal schien Fluffi den Kampf für sich zu entscheiden, mal hatte der Hahn den Schnabel vorn.

Die Hühner liefen um die beiden herum und kreischten ohrenbetäubend.

Von oben trällerte Frau Kuckuck mit ihrer wohltönenden Stimme: »Gib alles, Herr Schnabel!«

Tüpfel hatte sich auf seinem Ast aufgerichtet und boxte mit den Vorderpfoten in die Luft, um dann mit den Hinterpfoten auszutreten. Es sah aus wie Eichhörnchenkarate. »Denk an die schönen Eier und die flaumigen kleinen Küken, Schnabeltier!«, fiepte er.

»Schnabeltier?«, flüsterte Tilli und kicherte. Laut rief sie: »Vergiss nicht, du bist ein abgebrühter Eierbehüter!«

Aber sie machten noch viel mehr als nur anfeuern. Tilli und

Tüpfel hatten sich einen Vorrat an Pflaumen an-
gelegt, mit denen sie die Katze nun bewarfen.

Die tatkräftige Unterstützung schien den Hahn
anzuspornen. Mit Schwung drehte er sich einmal
um die eigene Achse, holte aus und landete –
zack! – einen Treffer mit seinen Krallen. Dann
bekam er Fluffis Ohr mit dem Schnabel zu fassen
und zwickte kräftig zu.

»Mau-auuuuuu!«, kreischte Fluffi und riss sich
los.

Die beiden standen sich gegenüber und starrten sich an.

Dann wich die Katze einen Schritt zurück.

Der Hahn rückte einen vor.

Fluffi machte zwei zurück.

Herr Schnabel drei vor.

Da drehte Fluffi sich um und rannte.

Einen Augenblick lang guckte Herr Schnabel ihr verdutzt nach, dann nahm er die Verfolgung auf und jagte sie über die Wiese, den Rasen, durch ein Buschbohnenbeet, vorbei am Schildkrötengehege bis zum Zaun. Dort erst blieb er stehen und krähte ihr noch ein paarmal hinterher, bis nichts mehr von ihr zu sehen war.

Tilli und Tüpfel beobachteten alles von oben.

»Oje«, seufzte Tüpfel, »jetzt wird er *noch* eingebildeter, als er sowieso schon ist.«

»Aber dafür hat er die Eier beschützt und das ist alles, was zählt.«

Sie grinsten sich an.

Da kam Herr Schnabel auch schon anstolziert. »Alles cool, Mädels«, rief er seinen Hennen entgegen. »Der Mieze hab ich's gegeben.«

Die Hühner umringten ihn gackernd und Tilli, Tüpfel und Frau Kuckuck applaudierten. Mit stolzgeschwellter Brust marschierte er unter dem Baum auf und ab und ließ sich feiern. Dann knickten plötzlich seine Knie ein und er plumpste ins Gras. »Bin ein abgebrühter Eierbehüter«, murmelte er noch einmal leise und pickte zweimal in den Boden. Dann döste er ein.

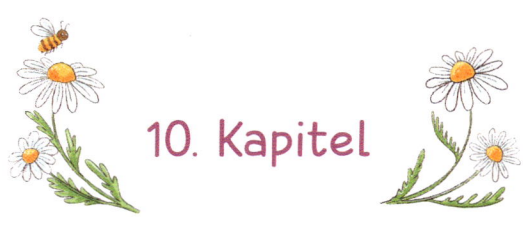

10. Kapitel

In dem sich ein Ei als echte Überraschung entpuppt und Tilli sich gewaltig aufplustert

Tüpfel knurrte der Magen. Es klang ein wenig, als würde er knurpsend eine Nuss aufnagen. »Ich könnte jetzt auch was vertragen«, sagte er und sah vom Vogelnest aus zum Hühnergehege hinüber, wo Tillis Papa Körner ausstreute und alle kräftig pickten. »Die haben's gut, die werden gefüttert und Frau Kuckuck sucht sich irgendwo die saftigsten Würmer. Und was ist mit mir?« Er machte ein jämmerliches Gesicht.

In diesem Moment spürte Tilli, die mit Brüten an der Reihe war, wie ein Ruck durch eins der Eier ging. »Tüpfel!«, rief sie. »Ich glaube …« Sie schlug sich die Hand vor den Mund.

Kracks! Die Schale des weißen Eis bekam einen Riss. Tilli sprang auf.

»Oje, habe ich es kaputtgemacht?«, fragte sie erschrocken.

»Nein!« Tüpfels Augen begannen zu leuchten. »Es geht los«, fiepste er und seine Schnurrhaare zuckten so aufgeregt, wie Tillis Herz pochte.

»Du meinst, es schlüpft?«, hauchte Tilli.

89

Mit angehaltenem Atem sahen sie zu, wie der Riss länger wurde.

Das Ei wackelte. Von innen drückte etwas gegen die Schale. Etwas Spitzes. *Kricks*, sprang ein Stück davon ab und ein kleiner Knubbelhubbel wurde sichtbar. Ein Knie? Dann zog das Etwas sich wieder zurück.

Es wurde ruhig. Eine Weile geschah gar nichts.

Tilli und Tüpfel beugten sich vor.

»Ob wir dem Kleinen helfen sollen?«, fragte Tilli.

»Ich könnte die Schale aufnagen«, schlug Tüpfel vor.

Doch plötzlich erschien ein neuer Riss und wieder splitterte etwas Schale ab. Ein winziger Fuß mit noch winzigeren Krallen

guckte heraus. Gleich darauf folgte ein zweiter. Die Beinchen
waren erstaunlich dick und kurz.

»Süß!«, rief Tilli.

»Seltsam«, sagte Tüpfel.

Kröcks, tauchte noch ein Bein auf.

»Sehr süß!«, quiekte Tilli.

»Sehr sonderbar«, sagte Tüpfel und starrte das Bein an. Es
war das dritte.

Die Beinchen zappelten, dass das Ei schwankte und wankte.
Sie zappelten noch mehr, bis das Ei wippte und kippte. Dann
brach es entzwei und zum Vorschein kamen ein lang gezogener
Kopf, ein viertes Bein – und ein klitzekleiner Panzer.

»Eine Babyschildkröte!«, riefen Tilli und Tüpfel im Chor.

»Wo kommt die denn her?«, fragte Tilli, während sich das
Kleine aus der Schale freistrampelte.

»Na, aus dem Ei«, meinte Tüpfel.

»Das sehe ich selbst«, sagte Tilli. Sie kaute auf ihrer Unterlippe und ließ dabei das Kleine nicht aus den Augen, dem
noch ein großes Stück Schale auf dem Kopf thronte. »So
süß«, murmelte sie. Auf einmal wurde ihr alles klar. »Das
Ei muss von Ellas Schildkrötendame sein«, rief sie, »du
weißt schon, die ausgebüxt ist. Anscheinend hat sie ihre
Eier im Sand am Bach vergraben. So
machen Schildkröten das nämlich. Die überlassen das Ausbrüten der warmen Sonne.«
Zärtlich streichelte sie der

Babyschildkröte mit dem Zeigefinger über den Panzer und hielt ihr die Hand zum Beschnuppern hin.

Die kleine Schildkröte zog den Kopf ein. Nur einen Moment darauf lugte sie wieder unter ihrem Panzer hervor. »Wäääh«, sagte sie, schmiegte den Kopf in Tillis Hand und sah mit runden Augen zu ihr auf.

Tillis Herz hopste höher, als ein Eichhörnchen springen kann. Und das ist sehr, sehr hoch. Sie deutete auf Tüpfel. »Papa«, sagte sie. Dann zeigte sie auf sich. »Mama.«

»Äh, nee«, sagte Tüpfel, aber Tilli nickte bekräftigend. »Mama und Papa. Und wer bist du?«, fragte sie und nahm die kleine Schildkröte auf den Schoß. »Ha!«, rief sie gleich darauf. »Ich weiß: Du bist Paulinchen Panzer.«

»Und wenn es ein Junge ist?«, wandte Tüpfel ein.

»Dann eben Paulchen Panzer«, meinte Tilli lachend und Tüpfel kicherte mit. »Namen kannst du echt gut«, sagte er.

Paulinchen strampelte sich aus Tillis Händen frei und sah sich neugierig um. Dann setzte sie sich in Bewegung und kroch ein wenig unbeholfen über das andere Ei hinweg. »Lass das nicht Frau Kuckuck sehen«, meinte Tilli. »Die wird sonst sauer. Äh, stopp«, sagte sie dann und stellte sich der Schildkröte in den Weg, die auf den Rand des Nests zusteuerte. »Wo willst du denn hin?«

Die Kleine stupste mit dem Kopf gegen Tillis Beine und versuchte, an ihr vorbeizukommen. Als es ihr nicht gelang, drehte sie um und marschierte in die andere Richtung los.

Diesmal baute Tüpfel sich vor ihr auf. »Hiergeblieben«, sagte er, doch sie stemmte sich mit dem Kopf gegen ihn und ihr kleiner Fuß ragte schon über den Rand des Nests und ruderte in der Luft.

Mit gemeinsamen Kräften bugsierten Tilli und Tüpfel Paulinchen zurück in die Mitte des Nests.

Sie zog kurz den Kopf ein, doch gleich darauf tigerte sie wieder los.

»Sieh sie dir an.« Tüpfel betrachtete die kleine Schildkröte liebevoll. »Mein Paulinchen wird die erste Kletterschildkröte der Welt.«

»Unsinn.« Tilli schüttelte den Kopf.

»Sie muss schleunigst hier runter, sonst stürzt sie uns noch ab. Am besten bringen wir sie ins Schildkrötengehege. Da ist sie gut aufgehoben.«

»Das ist gar keine Schildkröte«, nahm Tüpfel noch einen Anlauf, »das ist ein Frechdachs! Ein sogenannter Kletterfrechdachs. Der lebt in den Bäumen und …«

Erneut rempelte ihn die Schildkröte mit dem Kopf an.

Tilli lachte. »Nein«, widersprach sie, »das ist ein sogenannter Dickschädel. Und die leben am Boden.«

»Na gut«, gab Tüpfel nach. »Und wie kommt sie runter?« Er tätschelte das Schildkrötenbaby. Es war schon so groß, dass er es nicht selbst tragen konnte. Kullern ging auch nicht mehr, seit es aus dem Ei raus war, aber das bot sich auf Bäumen ohnehin nicht so an.

Tilli setzte sich ans dicke Ende des Asts. »Indem du mich großzauberst.« Sie reckte ihm auffordernd die Nase hin. Es kribbelkrabbelte kurz, dann saß Tilli in voller Größe da. »Moment noch«, sagte sie und zog ihre Strickjacke aus, die sie über das Kuckucksei breitete. »So bleibt es schön warm.« Dann nahm sie behutsam die kleine Schildkröte auf die Hand.

Paulinchen strampelte wie wild. Offenbar wollte sie lieber selber laufen.

Ast für Ast kletterte Tilli vom Baum herab – und das mit nur einer Hand!

Tüpfel staunte nicht schlecht, wie geschickt sie inzwischen war.

Unten angekommen, setzte Tilli die Schildkröte ins Gras.

»So, kleine
Zappeltante,
jetzt darfst du wieder
selbst laufen«, sagte sie.

Doch oje! In diesem
Moment begann die Henne, die
unter dem Baum auf den Eiern saß,
lautstark zu gackern. Im Hühnergehege hörte Herr Schnabel auf zu
picken und reckte den Kopf. Große
Menschen regten ihn auf. Immer.

»Ach komm, Herr Schnabel«, sagte
Tilli, »ich tue euren Eiern doch nichts.«

Aber sie war großgezaubert und Herr
Schnabel verstand sie nicht. Alles, was er
verstand, war, dass sie in der Nähe seiner

Eier war. Alles, was er denken konnte, war: *Ei, Ei, Ei. Behüten, brüten, behüten*. Mit geschwollenem Kamm rannte er los. Direkt auf Tilli zu.

Tüpfel stellte sich vor sie. »He, Schnabeltier«, sagte er mit beruhigender Stimme, »äh … Verzeihung, Herr Schnabel, wollte ich sagen. Das ist doch Tilli. Meine Tilli! Die hat dir geholfen, Fluffi zu vertrei…«

Der Rest ging in Herrn Schnabels Krähen unter. Ungebremst rannte er weiter. Mit vorgerecktem Schnabel. Mit gespreizten Flügeln.

Sonst hatte Tilli da immer die Flucht ergriffen. Doch jetzt stemmte sie die Hände in die Hüften und blieb stehen.

Was bildete das Schnabeltier sich eigentlich ein?

»Was bildest du dir eigentlich ein?«, schrie sie ihm entgegen, auch wenn er sie nicht verstand. »Ich war tausendmal höher in der Luft als du!«

Der Hahn rannte weiter.

Tüpfel hob die Pfote, um sich Aufmerksamkeit zu verschaffen. »Lass doch bitte Tilli in Ruhe«, fiepste er. Doch keiner hörte ihm zu.

»Und ein Ei habe ich auch ausgebrütet«, übertönte Tilli ihn. »Das musst du mir erst mal nachmachen, du aufgeblasener Gockel!«

Herr Schnabel bremste etwas ab.

Tilli machte sich so groß es ging und sah ihm in die Augen. »Komm nur her, wenn du dich traust«, sagte sie und ging einen Schritt auf ihn zu.

Herr Schnabel legte eine Vollbremsung hin und verharrte mit einem Bein in der Luft. Das sah so albern aus, dass Tilli fast lachen musste. Aber nur fast. Stattdessen funkelte sie ihn an und vollführte wilde Flatterbewegungen. »Und jetzt lass mich und mein Baby durch.«

Der Hahn trippelte einen Moment lang auf der Stelle, guckte hektisch nach links und rechts und pickte dreimal in den Boden. *Hack-hack-hack.* Dann drehte er sich um und ging davon. Erst langsam, dann immer schneller.

Ungläubig sah Tilli ihm nach. Auf ihrem Gesicht erschien ein Lächeln.

»Dem haben wir's aber gegeben«, sagte Tüpfel.

Und dann brachten sie im Gänsemarsch das Kleine zum Schildkrötengehege.

Tilli lief voraus, Paulinchen
Panzer tapste hinterher und
Tüpfel passte auf alle auf.

»So, meine Kleine«, sagte
Tilli und hob das Gehege an
einer Ecke an, »hier hast du alles,
was du brauchst, und bist in Sicherheit
vor großen Schnabeltieren und hohen Höhen.« Sie setzte das
Schildkrötenbaby hinein und streichelte ihm noch einmal über
den Panzer, ehe es davonwackelte.

»Ach, sie werden so schnell groß«, seufzte Tüpfel und kletterte auf Tillis Schulter, damit er besser sehen konnte. Zwischen Tillis Haaren war er fast unsichtbar.

Einträchtig guckten sie zu, wie die Babyschildkröte ihr neues Zuhause erkundete.
Sie nagte an einem Löwenzahn, begut-
achtete einen alten Wanderschuh, der
als Versteck diente, und stupste die große
Schildkröte an, die zwar ihr Papa war, sich
jedoch kein bisschen für sie interessierte.

Das tat Tilli leid. Auf einmal war sie sehr,
sehr froh über ihre Eltern. Klar, sie verboten ihr manchmal
was, aber sie hatten sie eben auch sehr, sehr lieb. Tilli nahm
sich vor, sie bei nächster Gelegenheit ganz fest zu drücken.

Schließlich zog Paulinchen sich unter einem großen Blatt
zurück, das die Farbe ihres Panzers hatte, sodass sie kaum
noch zu erkennen war.

»So schlau ist unser Paulinchen«, sagte Tüpfel. »So einen guten Platz hat sie sich ausgesucht.«

»Ja, und hat sie nicht ein ganz bezauberndes Muster auf dem Panzer, unsere Kleine?«, sagte Tilli.

Tüpfel nickte. »Und guck mal, dieses süße Stummelschwänzchen!«

Der Rest war Schweigen. Nur ab und zu seufzte einer von ihnen. So saßen sie Wange an Wange und Tüpfel fühlte sich zahm wie nie.

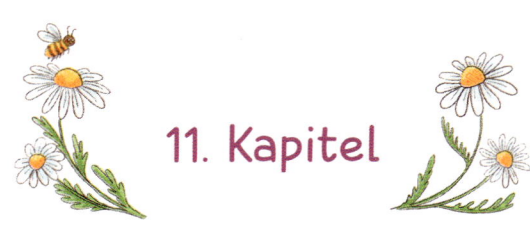

11. Kapitel

In dem Tilli hoch hinaus will und genau richtig ist für ein kleines Abenteuer

An diesem Abend beschloss Ella, wieder einmal in ihrem Baumhaus zu übernachten.

»Halt!«, rief Tilli, als ihre große Schwester einen Schlafsack hinter sich her durchs Wohnzimmer zog. »Ich will mit!« Sie sah zu Ella.

Die sah zu Papa.

Und der sah zu Mama.

Tilli dachte an die ziemlich lange, ziemlich wackelige Strickleiter und daran, dass es in so einem Baumhaus nachts ziemlich dunkel war. Vor Kurzem hätte sie das noch unheimlich gefunden. Aber das war vor fünfzehn Tagen. Und das ist manchmal eine kleine Ewigkeit. »Was ist jetzt?«, fragte sie. »Darf ich?«

»Ach, mein Tüpfelchen«, setzte Mama an. »Dafür bist du noch zu …«

»Genau richtig«, rief Tilli. Sie hopste aufs Sofa und streckte die Arme hoch. »Ich bin ganz genau richtig dafür!«

Mama und Papa guckten sich an, guckten noch ein bisschen länger – und nickten. »Na gut.«

Und da sprang Tilli ihnen vom Sofa aus direkt in die Arme und drückte sie ganz fest. Mit Hopserschritten lief sie los, um ihre Sachen zu holen.

Das dauerte eine ganze Weile, denn sie hatte einiges vorzubereiten. Im Garten machte sie noch ein paar Umwege, rupfte und zupfte in der Wiese herum und packte dann noch eine ganz besondere Überraschung ein.

Ella wartete bereits oben im Baumhaus auf sie. »Ganz schön wackelig, oder?«, sagte sie, als Tilli die Strickleiter erklomm.

»Geht«, sagte Tilli.

»Ganz schön hoch, oder?«, sagte Ella, als Tilli ins Baumhaus kroch.

»Geht«, sagte Tilli.

»Ganz schön dunkel, oder?«, fragte Ella, als sie nebeneinander in ihren Schlafsäcken lagen.

»Im Dunkeln ist gut munkeln«, sagte Tilli.

Ella stützte sich auf die Ellbogen. »Was bedeutet das denn?«

Tilli zuckte mit den Schultern. »Keine Ahnung. Aber es stimmt. Sagt nämlich einer, der es wissen muss.« Als sie an den Maulwurf dachte, der so gerne motzte und buddelte, musste sie lächeln. Dann holte sie vorsichtig einen Schuhkarton aus ihrem Rucksack.

»Was ist da drin?«, wollte ihre Schwester wissen.

»Eine Überraschung für dich«, erklärte Tilli. Sie hob den Deckel an und nahm das Schildkrötenbaby heraus. »Darf ich

vorstellen: Paulinchen Panzer. Die habe ich ausgebrü… äh …
im Sand am Bach gefunden. Das ist bestimmt ein Baby von
deiner ausgerissenen …«

»Oh, wie niedlich!« Ella gab ein hohes Fiepen von sich,
das dem von Tüpfel ähnelte. Sie hielt ihre Hand an
die von Tilli, damit die kleine Schildkröte zu ihr
hinüberkrabbeln konnte, aber die wollte lieber bei
Tilli bleiben. Ella streichelte ihren Panzer und den
winzigen Kopf, den die Schildkröte daraufhin erst
einzog, es sich dann jedoch gefallen ließ.

»Und die war da einfach im Sand?«, fragte Ella.

»Hm«, machte Tilli nur unbestimmt und
drückte Ella schnell ein bisschen Grünzeug in die
Hand, das sie zuvor gesammelt hatte.

Gemeinsam fütterten sie Paulinchen mit Löwenzahn, Gänseblümchen und Klee und streichelten sie
noch ein bisschen mehr.

Die Babyschildkröte kaute vergnügt auf den Blütenköpfen
herum und schmatzte leise.

Danach setzte Tilli sie in den mit Moos, Blättern und Gras
ausgepolsterten Karton zurück und stellte ihn zwischen sich
und ihre Schwester.

»Bisschen wie ein Nest«, meinte Ella.

»Ja, bisschen wie ein Nest«, wiederholte Tilli und lächelte in die Dunkelheit. *Wie es Frau Kuckuck und
ihrem Ei wohl ging?*, fragte sie sich. *Und wo Tüpfel wohl gerade war?*

Wo war Tilli nur?, fragte sich Tüpfel drückte sich die Zaubernase an Tillis Fenster platt. Aber so angestrengt er auch spähte, da war keine Tilli im Bett.

Tüpfel fuhr sich aufgeregt mit den Vorderpfoten über die Schnauze. Merkwürdig. Sehr merkwürdig.

Nachdenklich kletterte er am Efeu wieder hinab und huschte durch den Garten davon, als ein Geräusch an seine scharfen Eichhörnchenohren drang.

Da! Schon wieder! Ein leises Rascheln. Tüpfel blieb stehen und richtete sich auf. Seine Augen guckten, seine Ohren zuckten.

Es kam vom Walnussbaum.

Und im Walnussbaum war das Baumhaus!

Mit großen Sprüngen setzte Tüpfel über den Rasen und sauste den Stamm hinauf. Dann kletterte er zu dem kleinen Fenster hoch und lugte hinein. Da lag sie, seine Tilli, und schlummerte. Zusammen mit ihrer Schwester und der kleinen Schildkröte, die putzmunter in ihrem Karton herumkroch.

Einen Moment lang überlegte Tüpfel, ob er sich dazukuscheln sollte. Aber so zahm war er dann doch wieder nicht. Also machte er es sich auf einem Ast ganz in der Nähe gemütlich, schlang seinen puscheligen Schwanz um sich und bewachte den Schlaf der drei im Baumhaus, um in der Nähe zu sein, wenn Tilli wieder aufwachen würde.

Das hätte er sicher nicht gemusst, denn schließlich besagt ein altes Eichhörnchen-Sprichwort: *Wo Nüsse wachsen, lass dich nieder, beste Freunde kommen immer wieder.* Und dieses Sprichwort hatte sich Tüpfel ganz sicher nicht selbst ausgedacht. Das gab es wirklich!

Autorin

Eva Hierteis, geboren 1972, träumte schon als Kind davon, Bücher zu schreiben. Nach einem Literaturstudium und einigen Jahren als Lektorin in einem Kinder- und Jugendbuchverlag hat sie sich diesen Traum endlich erfüllt. Sie lebt mit ihrer Familie in Nürnberg.

Illustratorin

Daniela Kunkel hat im Kindergarten angefangen, Geschichten zu zeichnen, und nicht mehr damit aufgehört. Sie studierte Sozialpädagogik in Köln und Design mit dem Schwerpunkt Illustration an der FH Münster. Seitdem lebt, illustriert und schreibt sie mit viel Freude im Münsterland.

Penguin Random House Verlagsgruppe
FSC® N001967

1. Auflage 2022
© 2022 Penguin JUNIOR in der
Penguin Random House Verlagsgruppe GmbH,
Neumarkter Str. 28, 81673 München
Alle Rechte vorbehalten
Text: Eva Hierteis
Illustrationen: Daniela Kunkel
Umschlaggestaltung: Maria Proctor, Würzburg
RS · Herstellung: AJ
Reproduktion: Lorenz+Zeller GmbH, Inning a. A.
Druck: Mohn Media Mohndruck GmbH, Gütersloh
ISBN 978-3-328-30074-8
Printed in Germany

www.penguin-junior.de

Entdecken Sie unsere Vorlesewelten!

Liebe Eltern, liebe Vorlesende,

wir freuen uns, dass dieses Vorlesebuch zu Ihnen gefunden hat, und wünschen Ihnen und Ihren Kindern eine wunderbare gemeinsame Geschichtenzeit!

Vorlesen macht stark!

Das gemeinsame Eintauchen in die Geschichten fördert Fantasie und Mitgefühl und vermittelt Kindern Sicherheit und Geborgenheit. Immer!

Vorlesen macht schlau!

Vorlesegeschichten stecken voller Wissen, machen neugierig – und beim Zuhören erweitern die Kinder ganz nebenbei auch ihren Wortschatz. Vorlesen ist der erste Schritt zum Lesenlernen.

Vorlesen ist einfach!

Ganz gleich, ob Sie gerade viel Zeit haben oder wenig, lesen Sie in Ihrem Rhythmus und wie Sie es möchten. Ob Sie das Vorlesen inszenieren wollen oder einfach den Text vorlesen – allein das gemeinsame Erlebnis zählt, beim Lesen, aber auch beim Betrachten der dazugehörigen Bilder.

Vorlesen macht Spaß!

Ob zu festen Zeiten oder zwischendurch im Alltag: Unsere Geschichtenwelten warten auf Sie – und auf die Kinder!

Viele weitere Tipps zum Vorlesen finden Sie auf www.stiftunglesen.de und www.penguin-junior.de

Gemeinsam fürs Vorlesen!

Entdecken Sie unsere Vorlesewelten!

Kindergarten Wunderbar
Komm, flieg mit uns
ins Abenteuer!
Ab 4 Jahren, 112 Seiten,
ISBN 978-3-328-30035-9

Olli aus der Igelhecke
Der Freundschafts-
Wettbewerb
Ab 4 Jahren, 80 Seiten,
ISBN 978-3-328-30082-3

Fridolina Himbeerkraut
Mein Freund
Schnuffelschnarch
Ab 4 Jahren, 80 Seiten,
ISBN 978-3-328-30002-1

Deine Schutzengel
Hab keine Angst,
wenns's dunkel ist
Ab 4 Jahren, 64 Seiten,
ISBN 978-3-328-30015-1

Krümels Abenteuer
auf der Träumeburg
Ab 4 Jahren, 128 Seiten,
ISBN 978-3-328-30036-6

Gemeinsam sind wir
sternenstark!
Ab 4 Jahren, 128 Seiten,
ISBN 978-3-328-30124-0

So schön
ist die Welt ...
Ab 5 Jahren, 128 Seiten,
ISBN 978-3-328-30016-8

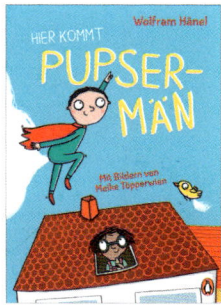

Hier kommt
Pupsermän!
Ab 4 Jahren, 88 Seiten
ISBN 978-3-328-30081-6

Gemeinsam fürs Vorlesen!

www.penguin-junior.de